社会资本与中国老年人口的相对贫困

周文剑 侯建明◎著

吉林大学出版社
·长春·

图书在版编目（CIP）数据

社会资本与中国老年人口的相对贫困 / 周文剑，侯建明著. -- 长春：吉林大学出版社，2024.9. -- ISBN 978-7-5768-3709-4

Ⅰ. F126

中国国家版本馆CIP数据核字第2024Z9M223号

书　　名：社会资本与中国老年人口的相对贫困

SHEHUI ZIBEN YU ZHONGGUO LAONIAN RENKOU DE XIANGDUI PINKUN

作　　者：周文剑　侯建明
策划编辑：李承章
责任编辑：杨　平
责任校对：白　羽
装帧设计：云思博雅
出版发行：吉林大学出版社
社　　址：长春市人民大街4059号
邮政编码：130021
发行电话：0431-89580036/58
网　　址：http://www.jlup.com.cn
电子邮箱：jldxcbs@sina.com
印　　刷：北京北印印务有限公司
开　　本：787mm×1092mm　　1/16
印　　张：12
字　　数：180千字
版　　次：2025年3月　第1版
印　　次：2025年3月　第1次
书　　号：ISBN 978-7-5768-3709-4
定　　价：68.00元

版权所有　翻印必究

目　录

第1章　导论：社会资本是缓解老年人口相对贫困的新视角 ············· 1
第2章　基本概念与理论基础 ··· 25
　2.1　基本概念 ·· 25
　　2.1.1　老年人 ·· 25
　　2.1.2　社会资本 ·· 26
　　2.1.3　相对贫困 ·· 28
　2.2　理论基础 ·· 29
　　2.2.1　社会资本理论 ·· 29
　　2.2.2　相对贫困理论 ·· 35
　　2.2.3　社会分层理论 ·· 40
第3章　社会资本对老年人口相对贫困的影响机理分析 ················· 42
　3.1　中国老年贫困治理的经验总结 ··································· 42
　　3.1.1　中国老年贫困治理的现实背景 ······························ 42
　　3.1.2　中国老年贫困形式的转变 ·································· 44
　　3.1.3　中国老年贫困的治理历程 ·································· 47
　3.2　社会资本对老年人口相对贫困的影响路径 ························· 51
　　3.2.1　社会资本对老年人综合贫困的减贫效应 ······················ 51
　　3.2.2　社会资本对老年人不同维度贫困的减贫效应 ·················· 55
　3.3　本章小结 ·· 60

第4章 中国老年人相对贫困的测度与分析 ································ 61
4.1 老年人相对贫困指标体系的构建 ································ 61
4.1.1 维度与指标选取 ································ 61
4.1.2 权重设定 ································ 63
4.2 老年人相对贫困的测度方法 ································ 64
4.2.1 数据统计 ································ 64
4.2.2 测度方法 ································ 66
4.3 中国老年人相对贫困的描述性分析 ································ 69
4.3.1 中国老年人各项指标的相对剥夺情况 ································ 69
4.3.2 中国老年人多维相对贫困的描述性分析 ································ 70
4.3.3 中国老年人单维相对贫困状况的描述性分析 ································ 77
4.4 本章小结 ································ 79

第5章 社会资本对中国老年人多维相对贫困程度的影响 ································ 81
5.1 模型构建 ································ 81
5.1.1 变量选取 ································ 81
5.1.2 模型设定 ································ 90
5.2 实证分析 ································ 94
5.2.1 社会资本各要素对老年人多维相对贫困程度影响的实证分析 ································ 94
5.2.2 社会资本对老年人多维相对贫困程度影响的实证分析 ································ 100
5.2.3 社会资本对老年人多维相对贫困程度影响的异质性分析 ································ 113
5.2.4 社会资本对老年人多维相对贫困程度影响的中介效应分析 ································ 117

5.3 本章小结 ········· 120

第6章 社会资本对中国老年人单维相对贫困状况的影响 ······ 122

6.1 模型构建 ········ 122

6.1.1 变量选取 ····· 122

6.1.2 模型构建 ····· 125

6.2 实证分析 ········ 128

6.2.1 社会资本对老年人单维相对贫困状况影响的实证分析 ········ 128

6.2.2 社会资本对老年人单维相对贫困状况影响的异质性分析 ········ 134

6.2.3 社会资本对老年人单维相对贫困状况影响中介效应分析 ········ 141

6.3 本章小结 ········ 149

第7章 结论与建议 ······ 151

7.1 研究结论 ········ 151

7.1.1 中国老年人相对贫困的特点 ····· 151

7.1.2 社会资本对中国老年人多维相对贫困程度的作用 ····· 152

7.1.3 社会资本对中国老年人单维相对贫困状况的作用 ····· 153

7.2 对策建议 ········ 154

7.2.1 老年人口社会资本培育机制 ····· 154

7.2.2 老年人口相对贫困治理机制 ····· 156

7.2.3 社会资本减贫效应提升机制 ····· 159

参考文献 ············ 161

第1章 导论：社会资本是缓解老年人口相对贫困的新视角

我国在 2020 年底消除绝对贫困之后，扶贫工作的方向随之发生转变。由于人口老龄化的快速发展，使得老年人口的规模和比重不断增加，这为其相对贫困的治理带来了严峻的挑战。在现代社会中，对社会资本的重视性愈发突出，为缓解老年人口的相对贫困提供了新的视角。本书是在作者博士研究生导师的指导下，由作者的博士论文整理而成。

研究背景：

(1) 老年人口的相对贫困问题较为突出

贫困是全世界面临的共同挑战，消除贫困是人类的共同追求。我国作为世界上人口最多的发展中国家，近代曾长期饱受贫困问题困扰，贫困规模之大、贫困分布之广、贫困程度之深举世罕见，贫困治理的难度更是超乎想象。在中国共产党的坚强领导下，我国组织实施了人类历史上规模空前、力度最大、惠及人口最多的脱贫攻坚战。2020 年 11 月，现行标准下我国农村贫困人口全部脱贫，贫困县全部摘帽，贫困村全部出列，区域性整体贫困得到解决，完成了消除绝对贫困的艰巨任务，提前 10 年实现了《联合国 2030 年可持续发展议程》减贫目标(王曙光,2023)。经过多年的艰苦奋斗，我国取得了脱贫攻坚战的全面胜利，转而向实现全体人民共同富裕的远大目标继续前进。

绝对贫困的彻底消除并不意味着贫困的全部消灭，相对贫困将会凸显并长期存在。这意味着扶贫工作今后将会从攻坚战转为持久战，着力解决相对贫困问题。党的十九大报告深刻指出，中国特色社会主义步入新时代，我国社会主要矛盾已经转化为人民日益增长的美好生活需要和不平衡不充分的发展之间的矛盾，这一重要论断揭示了相对贫困治理的艰巨性（罗必良，2020）。党的十九届四中全会提出"坚决打赢脱贫攻坚战，巩固脱贫攻坚成果，建立解决相对贫困的长效机制"。党的二十大报告明确指出，要扎实推进共同富裕，实现全体人民共同富裕是中国式现代化的本质要求。要实现共同富裕，必须缓解相对贫困。相对贫困治理是推进共同富裕的内在要求，实现共同富裕是相对贫困治理的目标追求（周云波和王辉，2022）。相对贫困治理是国家治理体系和治理能力现代化的重要环节，是巩固脱贫成果、化解新时代社会主要矛盾的必然要求，也是促进社会公平正义、实现全体人民共同富裕的有效途径（季琳欢，2021）。

我国不仅是世界上老年人口最多的国家，而且人口老龄化速度逐渐加快。随着扶贫工作方向的转变和人口老龄化的加速推进，老年人口相对贫困的治理刻不容缓，已经成为相对贫困治理的当务之急。和其他贫困群体相比，老年贫困者由于身体机能衰退、收入来源单一、社会养老保障能力不足、家庭养老功能弱化等特殊性，相对贫困治理难度更大。有研究提出老年相对贫困者普遍遭受着物质贫困、健康贫困和精神贫困等多重贫困（王春梅和尚康俊，2021）。此外，老年人对扶贫政策的依赖性较强，贫困脆弱性较高，已脱贫的边缘群体存在较高的返贫风险。国家实施积极应对人口老龄化国家战略，其目的之一便是助力老年贫困人口摆脱贫困并提高抵挡贫困的韧性，以实现广大老年人及其家庭对日益增长的美好生活的向往。老年人口相对贫困的治理，关乎老年人口自身的福祉与发展，有利于有效应对快速人口老龄化给我国带来的沉重的养老压力。牢牢抓住老年人口相对贫困治理这个"牛鼻子"，也能在一定程度上缓解我国的相对贫困程度，进而逐步实现全体人民共同富裕。

(2)老年人口相对贫困的治理面临挑战

第一，人口老龄化与"未富先老"并存发展。

2021年，我国60岁及以上老年人口数为26736万人，比重为18.9%；

65岁及以上老年人口数为20056万人，比重为14.2%，已经进入中度老龄化社会。我国65岁及以上老年人口比重从7%上升到14%仅用了21年，大大短于世界上大部分发达国家。多数发达国家是先完成工业化，社会经济经历了长足的发展，再进入老龄化社会，即"先富再老"。而我国则是在经济发展水平不高、老年人各项保障制度也尚未健全的条件下，"未富先老"的过程中，经历了急剧的人口老龄化。虽然，我国的社会经济自改革开放以来取得了飞跃式的发展，特别是经济总量早已跃居世界第二位多年，但是，我国人均国民内产总值仍然远远落后于发达国家，发展也面临着不平衡不充分的问题，这种不平衡不充分的发展难以满足老年人日益增长的美好生活需要。

长期来看，一方面，受育龄妇女总和生育率始终低于人口更替水平和人口平均预期寿命不断延长的影响，我国人口老龄化仍将加速发展，老年相对贫困人口规模也会不断增加；另一方面，近年来国际环境更趋复杂严峻和疫情冲击明显，我国经济下行压力进一步加大。由此可见，随着人口老龄化与社会经济协调发展难度的不断加大，我国将面临更加沉重的养老压力，老年人口相对贫困的治理也将经受考验。

第二，老年人口相对贫困识别存在困难。

老年人口作为社会中的特殊弱势群体，其相对贫困问题较为突出。根据生命周期理论，个体在老年期的贫困风险较高。在整个生命历程中，由于晚年生理机能衰退，疾病等各种突发性、急性负面生活事件增多，老年阶段劣势积累的结果不断显现（白增博等，2020）。收入贫困、物质贫困、健康贫困、精神贫困等多维贫困叠加，加剧了老年多维相对贫困识别的难度。我国有大量的空巢老人、独居老人、失能半失能老人，在对这部分老年人进行贫困识别时，更需要考虑其特殊性，这就为精准识别增加了难度。

我国刚刚进入以相对贫困为主要特点的贫困阶段，目前尚未确立比较完善可靠的老年相对贫困指标体系及其贫困标准。识别标准尚未确立，就无法精确地识别处于相对贫困境地的老年人，相应的针对性帮扶政策也就无法精准实施。而且，随着社会经济的发展和相对贫困治理进程的不断推进，需要根据实际情况对老年人多维相对贫困的识别标准进行动态调整，未来情况的多变性与复杂性也加大了动态调整的难度。此外，数字化应用的不足、数据库建设的滞后和数据资源的稀缺，使得对老年人口的真实贫困情况缺乏全面细致的了解，大大限制了多维相对贫困识别标准实施的可操作性。

第三，老年人口相对贫困脆弱性较高。

相对贫困脆弱性是指个人在风险冲击下，未来福利下降到相对贫困标准之下而处于相对贫困状态的可能性。与传统的贫困测度和扶贫政策采取事后干预不同，对脆弱群体采取事前政策干预，能更有效地定位即将陷入贫困的群体并减少长期贫困人口，进而降低返贫风险并巩固脱贫成果（黄承伟等，2010）。

由于致贫因素的复杂性、风险因素的多样性和应对能力的差异性，我国老年人口相对贫困脆弱性较高，脆弱群体规模大于贫困群体规模。当前，我国养老保障体系不够健全，老年人退休金、养老金待遇增幅较低；养老服务体系不够完善，家庭养老功能逐渐下降，社区养老和机构养老仍在发展过程之中，医养和康养结合不足；老年健康服务体系各项内容建设滞后，健康服务机构总量不足；精神卫生服务体系尚未建立，对老年人心理问题关注较少。基于以上等多种原因，部分老年人的经济收入、生活质量、医疗需求、精神慰藉等方面长期处于低水平或缺位状态，更有可能陷入相对贫困和脆弱之中。老年人口由于收入来源单一、身体机能下降、各种疾病潜伏等面临较高的贫困风险，加之自身能力素质有限，在遭遇风险时缺乏有效的应对手段，故而抵挡贫困的韧性不足。我国目前缺乏相对贫困的长效治理手段，老年人对扶贫政策依赖性较强，存在较大的返贫隐患。

第四，老年人口相对贫困与区域发展不平衡。

我国在实行改革开放初期，为了激发市场活力、提高生产效率，鼓励一部分地区先富起来，带动和帮助其他地区，以逐步实现共同富裕，因此国家将大量的资源和政策向东部地区倾斜，帮助东部地区实现了优先跨越式发展，中西部地区发展则相对缓慢。但东部地区的快速发展对中西部地区的支持力度不足、带动作用不明显，人力资源、自然资源和资本继续向东部地区集聚，导致区域发展不平衡加剧。虽然我国加大了对中西部地区的政策支持力度，但是这种差距仍然较大，区域间的不平衡发展没有得到根本性改善。受区域发展影响，老年人口的相对贫困表现出明显的区域差异性，中西部地区老年人口相对贫困问题更为严重，老年人口相对贫困的治理面临着区域发展不平衡的挑战。

第五，老年人口相对贫困与城乡发展不平衡。

此前，我国扶贫工作长期在农村地区开展，扶贫对象主要是农村绝对贫困人口。随着相对贫困成为"后减贫时代"贫困的主要形式，我国进入农村扶贫和城市扶贫并重的新阶段，老年人口相对贫困的治理面临着城乡发展不平衡的新挑战。一方面，由于我国城乡融合发展刚刚起步，城乡间在很多方面还存在较大差距，农村的社会经济发展水平与城市相比还较为落后，宏观层面上的城乡发展差距和社会福利分层使得农村地区的养老保障服务、养老服务、老年健康服务等基本公共服务相对不足。另一方面，随着城市化进程的快速发展，农村人口不断流向城市，农村空心化现象严重，出现大量空巢老人，人口老龄化程度显著高于城市。此外，农村老年人稳定脱贫能力较弱，因此农村老年相对贫困人口规模更大、贫困程度更深、治理难度更大（侯建明和周文剑，2022）。

(3) 社会资本为缓解老年人口相对贫困提供了新的视角

随着社会资本概念的提出和社会资本理论的不断丰富发展，政治学家、经济学家和社会学家们越来越重视社会资本的重要性。提高社会资本水平，不仅能够提升政治制度的运作绩效，提高政府的行政管理水平，促进社会和谐稳定地发展；而且有助于降低各种成本，如信息收集成本、交易成本和法律成本，从而提高经济运行效率，促进市场经济体制更加地完善，实现经济高质量快速地发展；还能够促进社会行动者之间的密切合作，增进社会的公共利益，从而促进整个社会福利事业的发展，提高社会福利水平，惠及广大的人民群众。

以往的研究主要是考察经济资本和文化资本等对贫困的减贫效应，近年来社会资本对贫困的缓解作用也得到了大量研究的验证，这为解决老年人口的相对贫困问题提供了崭新的视角。社会资本是通过社会关系获得的资本，是一种社会财产，它通过行为人所属的网络中的联系和嵌入其中的资源发挥作用。由各种社会关系网络、互惠型规范、社会信任等构成的社会资本作为一种特殊的非正式资本，是一种有益于行动者的资源集合，对老年贫困人口而言，这种资源往往能起到增加生活来源、分担风险和减缓贫困等作用。虽然我国老年群体的社会资本在持续的建构过程中实现了积累与扩张，但是仍然有较为广阔的发展空间。在逐步实现全体人民共同富裕的背景下，本书以社会资本为研究视角，结合理论研究和实证研究深入分析其对老年人口相对贫困的影响具有重要的意义，以期在"后精准扶贫时期"为培育我国老年群体社会资本和提高老年人口相对贫困治理水平建言献策，贡献绵薄之力。

研究意义：

(1)理论意义

第一，近年来，在防范化解老年人面临的各种贫困风险的诸多因素中，社会资本的重要性愈发凸显。本书以社会资本理论为研究基础，从社会网络、社会参与、社会支持三个方面构建老年人的结构型社会资本指数，从构成要素的角度进一步丰富了老年人社会资本的研究内容，深化了内涵，加深了认识。

第二，过去在识别贫困时，通常仅考虑单一维度的收入贫困。然而，多维性是相对贫困的典型特征，相对贫困蕴含多种贫困类型，仅通过收入贫困并不能反映相对贫困的全貌。因此，本书依据相对贫困理论，兼顾老年人这一特殊人群的属性，综合收入贫困、物质贫困和健康贫困3个维度13项指标，构建了老年人的多维相对贫困指标体系，这些指标能够反映老年人的经济收入水平、物质生活状况、身体健康状况和精神状况，拓宽了

传统意义上贫困概念的研究维度。这在理论上对于我国在今后的相对贫困治理过程中如何精准识别出陷入相对贫困的老年人具有一定的指导意义。

第三，本书在综合社会资本理论、相对贫困理论和社会分层理论的基础上，将研究对象聚焦在老年人口之上，深入分析社会资本对老年人多维相对贫困程度和各个维度相对贫困状况的影响，并探索各自潜在的影响机制，这种机制不同于已有在其他群体中的研究发现，从而完善了社会资本影响相对贫困的理论体系，填补了该研究领域在老年群体中的空白。

(2) 现实意义

第一，老年人通过劳动获取经济收入的能力相对偏弱，收入来源也大多依赖于转移性收入；退休后收入的普遍下降又会导致生活质量下降；随着年龄的增加，老年阶段劣势积累的结果不断显现，他们的身心健康也遭受威胁；等等。收入贫困、物质贫困、健康贫困、精神贫困等多重贫困叠加，使老年人口易于陷入相对贫困。本书不仅从综合的角度测算了老年人个体的多维相对贫困程度和整体的多维相对贫困指数，而且对不同维度的相对贫困状况也设定了具体的识别标准，并进行了具体的分解与分析，有助于全方位深入了解我国老年人口的相对贫困全貌。

第二，老年人由中年期步入老年期后，通常更加依赖他们所拥有的社会资本，也即所能获得的社会资源，这些资源往往能帮助他们增加经济收入、提高物质生活水平和改善健康状况，从而在一定程度上缓解相对贫困。本书从不同的构成要素分析了社会资本对老年人口相对贫困的影响，并提出相应的对策建议以增加老年人口的社会资本存量，助力解决老年人口相对贫困问题，完善我国老年相对贫困治理体系，积极应对人口老龄化带来的养老压力，这也对其他贫困群体的贫困治理具有一定的借鉴意义。

文献综述：

(1) 社会资本的测度及效应

第一，关于社会资本测度的研究。

对社会资本进行测度，可以让人们更容易感知社会资本的概念，并增加对社会资本的投资。当前,社会资本的测量主要通过以个案研究、田野调查、焦点小组讨论、深度访谈为基础的质性研究,以及包括问卷调查、试验方法等在内的量化研究。对社会资本指标进行综合主要有两种方法:①将社会资本的综合指标分为不同的子项,并按照结构和文化两个部分分别对其测量,然后再用统计学方法合成社会资本指数;②分离社会资本的认知维度和结构维度,利用某一维度的指标作为总体社会资本的测量指标(苗红娜,2015)。

部分学者依据社会资本的不同分类对其测度。Lu et al.(2020)使用四个关于信任和互惠的变量来表征认知型社会资本,包括对社区居民的信任、居民的互相帮助、社区的归属感、居民利益的互相关心;使用组织成员数量、社会参与、志愿服务和公民活动四个指标来表征结构型社会资本。Williams(2006)结合个人使用互联网的状况,编制了在线桥接型、离线桥接型、在线黏结型、离线黏结型四个子量表来测度社会资本。朱晓文和鄂翌婷(2017)参照 Williams(2006)的社会资本量表进行本土化,编制了针对大学生的中文版社会资本量表,该量表使用 8 个指标来测量桥接型社会资本,5 个指标来测量黏结型社会资本,5 个指标来测量维持型社会资本。

根据社会资本研究层次的不同,社会资本的测量有着不同的指标体系和测量方法:

①个体和群体研究层次的二分法。个体层次的社会资本以自我为中心,具有个人主义的立场。个体社会资本是个体通过包含自我在内的社会关系网络动员资源的潜力,所关注的是个人行动带来的结果(张文宏,2003)。测量方法主要有直接测量法和间接测量法。直接测量法是对社会资本的构成要素直接进行测度的方法,主要是针对社会网络、信任、互惠、参与和共享进行的测量。其中,测量社会网络的方法主要有包含朋友网和讨论网等在内的提名法、包含职业网和春节拜年网等在内的定位法以及社会网络分析法;测量信任的方法主要有综合量表法和信任测度模型;测量互惠、参与和共享的方法主要是综合量表法。薛新东和刘国恩(2012)以社会参与

水平作为代理变量测度了老年人的个体社会资本。苏静等(2019)从社会网络、社会参与、社会信任3个维度对社会资本进行测度。徐家鹏等(2021)从社会网络、社会参与、社会关系、社会声望4个维度来测度社会资本。杨思思(2021)、史恒通等(2019)、王恒和朱玉春(2021)从社会网络、社会参与、社会信任、社会声望4个维度来测度社会资本。贺志武和胡伦(2018)则从社会网络、社会信任、社会声望、社会规范这4个维度来测度社会资本。车四方等(2019)从人情礼金支出、社会信任、社会地位、社会关系、社会交往5个维度来测度社会资本。胡伦等(2018)用"空间流动、职业转换和业缘关系"3个维度构建新型社会资本,用对"亲戚间信任"和"老同学信任"构建原始型社会资本,社会资本总指数采用原始社会资本和新型社会资本各个维度指标的算术平均值来表征。间接测量法是相对直接测量方法而言的,主要包括收入测度法和成本测度法,都是衡量社会资本在有目的的行动获取收益的情况,采用货币度量,是从人力资本的测度方法借鉴过来的。

群体层次的社会资本以社会为中心,具有集体主义的立场。社群社会资本被定义为社群中的人际关系网络发展出的信任、合作以及良好的关系网络结构(Nahapiet & Ghoshal, 1998)。在具体的测量中,主要包括参与地方性社团或组织、地方性社会网络、非正式社会互动、信任、互惠、志愿主义、社会支持、社区凝聚力与社区归属感等九个方面内容(尉建文等,2021)。

②个人、家庭和社区的研究层次。个人社会资本在前文已有详细介绍,在此主要介绍家庭社会资本和社区社会资本。家庭社会资本是家庭成员在同一个家庭价值观念和道德规范中形成的家庭人际关系资源,其测度目前尚无统一的标准,现有研究多从家庭互动、家庭支持、家庭网络、家庭关系等方面来测量(Alvarez et al., 2017)。柴琪等(2021)从家庭结构、家庭关系和家庭支持测度老年人的家庭社会资本;祝欢等(2022)则从与子女的关系、家人的情感支持、家人的经济支持来测度。

社区社会资本是一种具有地域性的"公共物品",依托于社区(村庄)而形成,以社区(村庄)的地理范围为边界,是指人们在社区内形成的关系网络以及网络中蕴含的种种资源,所关注的是个人与社区互动的结果。社区是弱势群体获取社会资源、参与社会生活的主要社会场域(孙璐,2007)。桂勇和黄荣贵(2008)将社区社会资本总结为地方性社会网络、社区归属感、社区凝聚力、非地方性社交、志愿主义、互惠与一般性信任和社区信任共7个维度。江永良和孟霞(2012)从社区参与、社区信任、邻里互助、家庭与宗族关系、社区规范和社区价值6个维度构建了社区社会资本。

孟海勤和郭佳旗(2022)从家庭和社区两个层次测度了城市老年人的社会资本:家庭社会资本的测量指标包括家庭支持、家庭结构、家庭网络;社区社会资本从认知和结构两个维度来衡量,认知维度包含社区内的信任与互惠,结构维度包括社区参与频率和社区组织数量。Lu et al.(2021)在中国东北地区的农村老年人中,用家庭关系和家庭支持的质量测度家庭社会资本,用社会参与和志愿服务测度社区社会资本。高红和王光臣(2022)从个人、家庭、社区三个层次构建了农村中老年人社会资本的指标体系,以个体参与社会活动状况作为个人社会资本的代理变量,以礼金往来(包括礼金支出和礼金收入)作为整个家庭所拥有的社会资本存量的衡量标准,以每个社区层面的人均个人社会资本来衡量社区来源社会资本。

③微观、中观和宏观研究层次的三分法。微观层次的研究对象主要聚焦于个人社会资本。一些学者从个人拥有的人际关系和优势资源方面来测度微观层次的社会资本,其内容主要包括:在个人的关系网络中,当自己需要帮助时,准备或有义务帮助的人数、这些人愿意帮忙的关系强度,以及这些人所有的资源(Degraaf & Flap,1988)。另一些学者以人际网络和嵌入的资源为基础,通过个体嵌入其中的网络特征来进行测量。

中观层次的社会资本一般指一个小范围内的地理区域或者小型的集体拥有的集体社会资本。其研究对象包括城市社区和农村村庄,社区(村)是公共生活最小的范围,也是重要的社会单元,其测度方法主要是分层测度

法和综合测度法。另一个重要的研究对象是企业，企业是经济活动的主体，是经济行为者，也是在各种各样的联系中运行，其测度方法主要是采用分层测度法对构成的各个部分分别测量，或者采用费用测度法测度企业用来建设关系网络的费用。

测量宏观社会资本的方法一般采用多维度、多条目。国家社会资本涉及到宏观层面，其测量指标主要包括宏观社会环境、社会信任、规范、制度以及意识形态（文化）等社会资源（马得勇，2009）。世界银行在对全球社会资本的研究中开发出了系统的测量工具 SCAT（Social Capital Assessment Tools），后来又在 SCAT 的基础上改进形成 A-SCAT，包括了组织联系、集体行动、参与公共事务、社会支持等结构维度的 7 个指标和社会凝聚力、归属感、信任和互惠等认知维度的 11 个指标（Harpham et al.，2002）。

从上文可以看出，无论是依据不同的测度方法，还是不同的分类方法，抑或是不同的研究层次，社会资本的测度差别较大。由于社会资本定义的不同，因而对社会资本的测度也存在较大的争议，目前还没有令人信服的统一标准。社会资本的测量研究虽然实现了深入推进，但是目前依然面临如下困境：第一，定义宽泛和分类重叠造成的测量困难。社会资本的含义包罗万象，没有明晰的界定；不同的分类和不同的研究层次重叠交叉，无法明确地区分。第二，指标混用，同一组指标常常被不同的研究用来测量不同的内容，甚至于不同的维度。第三，变量等级造成统计分析障碍，"信任""互惠""规范"等常常得不到精确的测量，有些指标也较难实现操作化定义。美国著名经济学家、诺贝尔经济学奖获得者索洛，以经济学的眼光对社会资本予以批判，社会资本的存量和变化、投资额和回报额都无法用精确的数字计算（方然，2014）。

第二，关于社会资本效应的研究。

人生活在社会之中，具有社会性，社会资本伴随人的一生，在每个人的日常生活中扮演着非常重要的角色，如影随形地影响着人们的方方面面。

个人通过社会互动、与他人及各种社会组织的社会联系中，获取各种有形和无形的资源，产生了诸多积极效应。需要对之加以重视，才能让其发挥出更大更积极的作用。

以不同的研究对象和社会资本的不同效应为例。收入方面：社会资本不仅可以帮助农户获取更多的信息，而且还可以促进家庭成员外出务工和提高家庭平均受教育程度，进而提高农户收入(杨萌萌等，2022)；社会资本对农民工群体的收入也具有正向效应(梁海兵和陈海敏，2021；刘涛，2022)。社会资本的分布不均造成了农村居民收入差距的扩大(李敏和李豆，2015)，也对城市贫困人口的收入产生直接影响(贺寨平，2014)。而且，社会资本具有代际传递性，父代社会资本对子代社会资本及收入具有显著的正向影响(冯雪琴等，2021)，也有助于提升代际收入流动性(张君慧等，2022)。

物质生活方面：社会资本有助于增加消费支出(Ma et al.，2020)，也能推动家庭消费结构的转型升级(秦海林和高轶玮，2019)，从而影响居民福祉。社会资本对农村居民和城镇居民的生活质量均有显著的积极作用(侯志阳，2010；邹佳晨，2009)，进而可提高居民的生活满意度(李丝雨，2018)，这种提升作用对老年人同样适用。

健康方面：社会参与对老年人的体育锻炼有促进作用，社交网络与老年人的体检行为有趋同作用，家庭支持对老年人的健康行为有强化作用，社会资本有助于老年人养成健康的生活方式和良好的生活习惯(李扬萩等，2022)。社会资本对促进老年人的自评健康具有积极意义(阙霜等，2022)，对他们的身心健康都有显著的促进作用(许兴龙和周绿林，2022；李甲森和冯星淋，2016)，也能有效缓解包含自评健康、慢性疾病、心理健康、日常生活自理能力和认知功能在内的多维健康贫困(边佳利，2021)。

其他方面：社会资本可以促进女大学生的自主创业(刘佳，2016)；也能提升育龄妇女的生育意愿，从而对生育政策的制定具有启示意义(边恕和纪晓晨，2023)。社会资本可助力农民工实现职业向上流动(李珊珊和刘泽琦，2023），但降低了其就业稳定性(李晓峰和李珊珊，2020)。

综合贫困：社会资本对农村居民和家庭的多维贫困也有明显的缓解作用(左孝凡等，2018；马铮，2021)。社会资本也对农民工的多维贫困有着显著的负向影响(胡伦等，2018)，对农村留守老人亦是如此(徐家鹏等，2021)。

从上述文献可以看出，已有研究主要关注社会资本对老年人健康的影响，较少关注对老年人收入、物质生活等方面的影响。而且，社会资本对老年人综合贫困的影响研究也主要集中在农村样本中，涉及城市老年人的研究较少。

(2)相对贫困的测度及影响因素

第一，关于相对贫困测度的研究。

①单维标准。学界最初对相对贫困的测度常从单一的收入维度来进行，相对收入贫困的测量方法包括收入比例法和收入位置法。收入比例法根据人均可支配收入或中位数收入的一定比例来确定相对贫困线，这个比例一般为40%、50%或60%。Fuchs(1967)首次提出了相对贫困线的计算方法，即以一个国家或地区当前收入中位数的50%作为阈值，处于阈值之下的人口皆属于相对贫困人口。借鉴这种计算方式，欧盟将相对贫困风险的阈值设置为可支配收入中位数的60%(刘桂莲，2022)，经济合作与发展组织(OECD，2018)提出以居民可支配收入的50%或60%作为相对贫困的衡量标准，而美国现行官方贫困线大致位于其中位收入的40%(张琦和沈扬扬，2020)。陈宗胜等(2013)、Wen & Sun(2023)在测度中国农村的相对贫困时将人均可支配收入的40%作为贫困线。可见，不同国家相对贫困线的设定没有统一的标准，也没有严格的理论或政策依据。这种测度方法此后被众多学者所采用，但其在理论基础、比例设定和贫困性质方面遭到了诸多质疑(马瑜和吕景春，2021)。收入位置法是将全体居民的收入从高到低排序，将收入排序靠后的一定百分比的人口界定为贫困人口，新加坡将排在倒数10%的收入水平作为相对收入贫困线(唐丽霞等，2020)。

也有学者从消费角度来测度相对贫困。张亦然(2021)使用农村家庭的恩格尔系数来反映相对贫困水平。祝遵宏等(2023)使用恩格尔系数来衡量各个城市的相对贫困水平。恩格尔系数是食品消费支出在消费总支出中所占的比重，不受物价水平等因素的影响，能较好地体现出相对性的特性，也是国际上衡量贫困程度的通常做法。

世界银行从2022年秋开始使用2017年购买力平价(PPP)计算全球贫困数据，新的全球贫困线上调至每人每天2.15美元，中等偏下收入国家和中等偏上收入国家的代表性贫困线分别上调至3.65美元和6.85美元。考虑到各国消费水平的差异，世界银行还引入一条社会贫困线(SPL)作为补充贫困线，这条贫困线是根据每个国家的具体经济发展状况制定的。如果某人一天的生活费低于1美元再加上他所在国家人均消费中位数的一半，那就将他定义为遭受社会贫困。随着国家的富裕和中位数消费水平的提高，社会贫困线也会随之提高。

②多维标准。从多维的标准去测度相对贫困，能够更好地了解贫困的整体特征。贫困不仅仅是收入不足或消费低下的问题，还是住房、教育、医疗等资源、机会和能力缺失的问题(冯怡琳和邸建亮，2017)。相对贫困不仅是以收入、消费或福利来衡量经济福利的方式(乌德亚·瓦格尔和刘亚秋，2003)，还是社会贫困的一种表现形式(高强和孔祥智，2020)。

Townsend使用英国贫困调查数据，选取反映社会方方面面的60个指标构建剥夺指数，进而确定相对贫困的阈值，他估计这个阈值大约是社会救助标准的140%(Yamamori，2019)。Sen认为相对贫困是对个体可行能力的剥夺，这些可行能力包括获得穿衣、食品、住房等各种功能性活动的能力，因此需要从多维视角来测度相对贫困。2010年，联合国开发计划署发布了包括收入、健康、教育、生活水平在内的多维贫困指数，从多个维度识别贫困问题，拓展了人类发展理论对贫困的测量(王小林，2012)。Alkire & Foster(2011)基于可行能力剥夺理论提出了A-F双阈值法，通过确定各指标的权重和临界值来测度多维贫困，这种多维视角的测度方法此

后被广泛地用来测度相对贫困。

甘晓成等（2023）使用宏观数据从经济、社会发展、生态环境3个维度测度了中国各个省份2013—2019年的多维相对贫困指数，经济维度包括收入、就业、产业、生活质量4个指标，社会发展维度包括教育、卫生健康、社会保障、基础设施、城镇化水平5个指标，生态环境维度包括土地资源、水资源、生态灾害3个指标，发现中国多维相对贫困状况的总体发展态势和三大地区的发展态势具有空间一致性，脱贫攻坚战对经济维度的减贫效应最为明显，生态环境在减贫过程中未得到足够的重视。龚新蜀等（2023）也使用宏观数据选取经济维度、社会维度和生态维度3个维度12个指标来测度中国省域农村的多维相对贫困指数。

程威特等（2021）使用2010—2018年中国家庭追踪调查（CFPS）数据，从收入、教育、健康和生活水平4个维度9个指标构建了城乡居民家庭的多维相对贫困指数，发现健康问题取代基本生活保障问题成为贫困的重要影响因素。张俊英等（2023）使用2018年CFPS数据，选取收入、教育、健康、精神文化生活、生活状况5个维度7个指标构建了中国家庭的多维相对贫困指数，发现各省份的多维相对贫困程度与经济发展水平呈较强的负相关。Zou et al.（2023）则使用1991—2015年中国营养与健康调查（CHNS）数据，从收入、教育、健康、生活水平、就业5个维度11个指标构建中国居民家庭的多维相对贫困指数，发现农村地区的多维相对贫困发生率远高于城市地区，中西部地区的多维相对贫困指数远高于东部地区。秦升泽（2022）使用2012—2018年CFPS数据，选取收入、生活质量、教育、健康、就业13个指标构建了中国农村家庭的多维相对贫困指数，发现我国农村家庭多维相对贫困近年来得到明显缓解。刘愿理等（2022）选取物质资源、经济条件、可行能力、发展机会、社会保障、内生动力6个维度22个指标测度了贵州省天柱县不同生计类型农户的多维相对贫困指数，发现政府兜底型相对贫困户最多，传统务农型和兼业型次之，外出务工型最少。

Peng（2022）使用2010—2016年CFPS数据，从个人视角出发，选取经

济、健康、人文、精神生活、社会关系、权力6个维度的指标来衡量和比较中国农村家庭中男性和女性的相对贫困程度，发现农村女性的相对贫困程度更为广泛，且远高于男性。李聪等（2022）基于家庭内部资源视角，选取教育、健康、生活质量、就业4个维度8项指标同时构建了家庭和个人层面的多维相对贫困指数，发现多维相对贫困的性别差异在家庭层面（户主为男性或女性）不显著，而在个人层面则表现出贫困女性化的结果。

刘佩和孙立娟（2022）使用2018年中国老年人健康影响因素调查（CLHLS）追踪数据，选取健康、生活水平、主观福利、养老保障、社群参与5个维度12个指标构建了老年人的多维相对贫困指数，发现我国贫困老年人主要分布在农村，老年人的多维相对贫困发生率存在城乡差异。赵周华和王晓琳（2022）使用2012—2017年中国综合社会调查（CGSS）数据，选取收入、健康、教育、就业、社会保障、社会联系6个维度9个指标，采用等权重法、主成分分析法和熵权法三种方法确定各指标的权重，对老年人的多维相对贫困指数进行了测度和比较。张维伟（2021）使用2018年中国健康与养老追踪调查（CHARLS）数据，选取收入、健康、社会保障、社会参与、生产生活条件5个维度14项指标测度江苏省老年人口的多维相对贫困指数，发现社交活动对老年多维相对贫困的贡献率最高。Zeng et al.（2022）选取健康、社会、心理、物质4个维度15项指标测度了陕西省某县农村老年人的多维相对贫困指数，发现健康对老年相对贫困起着最主要的作用，而不是心理、社会和物质因素。

第二，关于相对贫困影响因素的研究。

相对贫困的致贫因素比较复杂，在不同时期、不同地区、不同人群中各不相同。张咏梅等（2022）分析了2005—2019年中国31个省份多维相对贫困的动态变化格局，认为教育、医疗、社会保障、对外沟通能力等要素缺失是影响各省居民多维相对贫困的多重并发因素。李波和苏晨晨（2021）发现西藏及四省涉藏县域相对贫困度的格局分异与地理要素密切相关，经济因素和社会因素是相对贫困空间分异的主要原因。李鸿雁等（2022）分析

了黄河上游流域相对贫困的空间分布以及成因的驱动作用，认为自然条件的优劣是相对贫困的基础影响条件，经济因素是主导因素，社会因素是直接原因。

朱琳等(2023)认为家庭人口特征、家庭经济特征、家庭发展特征、政策干预因素是影响西部地区农户相对贫困的重要因素。樊露露(2022)从个人、家庭和村庄3个方面分析福建山区农户多维相对贫困的影响因素，发现户主受教育程度、家庭农机总值、家庭经济主要来源、村庄距县城的距离和村庄整体经济状况都对农户的相对贫困状况有显著影响。何家军和朱乾宇(2016)分析了三峡湖北库区农村移民家庭的相对贫困影响因素，发现户主因素、家庭因素和区位因素在迁移初期对相对贫困具有显著的影响，而外出务工是迁移后期的重要影响因素。仲超和林闽钢(2020)认为相对贫困家庭不仅受户主、家庭特征等个体因素的影响，还与村庄(社区)特征、户籍制度等结构因素显著相关。

左宇晓和卜津月(2022)的研究表明在1%的显著性水平上，地区、受教育程度、城乡、婚姻状况、就业状况和健康状况对劳动力人口的多维相对贫困有显著影响。张文宏和苏迪(2020)分析了特大城市居民相对贫困影响因素，研究发现社会保障和医疗负担是影响城市移民相对贫困的主要因素，而本地人则更容易受到工作稳定性的影响而陷入相对贫困。朱晓和秦敏(2020)认为个体特征、家庭特征、流入地区特征是影响城市流动人口相对贫困的重要因素。高月和王卓(2021)认为高龄、女性、受教育程度低、健康状况较差、农业户口、无业、未从事经济投资活动、没有养老保险等特点的老年人口更容易陷入相对贫困之中。

以上研究表明，无论是个人、家庭、社区(村庄)、地区层面，还是自然、经济和社会因素等都对相对贫困有不同程度的影响。相对贫困的影响因素纷繁复杂，因此需要从多个方面去破解这个难解之题。

(3)社会资本对相对贫困的影响研究

Wilkinson & Pickett(2007)认为低社会资本是与相对剥夺相关的众多

问题之一。Woolcock & Narayan(2000)指出培育与发展社会资本是贫困地区反贫困的重要措施之一。社会资本对相对贫困的缓解效应在我国不同的大型调查数据、城市和农村、个体和家庭中均得到了验证。

曾宪斌(2022)使用2016年中国家庭追踪调查(CFPS)数据,证实了社会资本及其社会网络、人际信任和社会参与的各维度均能显著降低家庭的多维相对贫困程度,而制度信任的影响则不显著。张永奇等(2021)使用2016年和2018年CFPS两期数据,发现社会资本能够显著减缓家庭的相对贫困,降低贫困脆弱性,个体信念和教育获得是重要的传导机制,并且社会资本对于低收入群体的边际效应明显高于高收入群体。汪柳(2022)使用2018年CFPS数据,发现社会资本能显著缓解家庭的相对贫困水平,而且这种效应在农村家庭中通常更高;同时,认知能力在这种影响中起到调节作用,风险偏好则起到中介作用。刘晶晶(2021)使用河北省1372份农户调研数据,发现社会资本可以通过促进劳动力流动以及提高就业收入比例来减缓农户的相对贫困。Wu et al.(2022)的研究表明社会资本可以促进农村家庭的收入多元化并抑制对贫困的接受度,进而缓解相对贫困。张振(2022)使用2014-2018年CFPS数据,证实了社会资本能够通过促进人力资本积累和家庭产出增加缓解农户的相对贫困;同时,对于不同地区、不同户主性别的农户而言,社会资本的缓解效应存在着显著的差异。车四方等(2022)认为社会资本可以通过缓解信贷约束进而降低农户的多维相对贫困水平。

刘雨桐(2014)使用2008年中国综合社会调查(CGSS)数据,发现随着市场化程度的提高,社会资本减少城市个体相对贫困发生概率的作用总体上来说会不断增强。杨志健(2022)也证实了社会资本对农村个体的相对贫困具有显著的负向影响,社会资本会通过公共服务满意度间接影响相对贫困。詹智俊等(2022)发现社会资本对农民工的相对贫困有显著的负向影响,且自我效能感在其中起到中介作用。汤兆云和陈奕言(2022)也证实了社会资本对农民工的相对贫困具有重要的缓解作用。

从上述研究可以发现，目前关于社会资本对相对贫困的影响研究，其研究对象主要是微观层次的个体和家庭，尤其是以农村个体和农村家庭为重点，缺乏涉及老年个体的相关研究，而这正是本书的关注之处。

主要内容：

第一，中国老年贫困的治理。首先，本书从宏观层面分析中国老年贫困治理面临的现实背景，即老年人口规模庞大、人口老龄化速度较快、高龄化态势明显、老年抚养比不断攀升。随后，本书从绝对贫困阶段和相对贫困阶段两个阶段出发，对中国老年人口的贫困状况和特征进行分析。最后，对中国老年贫困的治理历程分四个阶段进行系统回顾并总结相关经验，为探究缓解老年人口的相对贫困提供现实依据。

第二，社会资本影响老年人口相对贫困的理论框架。本书在对社会资本理论、相对贫困理论、社会分层理论以及社会资本影响相对贫困的相关文献进行梳理、归纳和总结的基础上，借鉴我国老年贫困治理的经验，并结合老年人生活实践的主要特征，将经济资本作为核心中介变量，形成社会资本影响老年人口相对贫困的理论框架。

第三，中国老年人相对贫困的测度与分析。本书选取经济收入、物质、健康3个维度13项指标，测度了中国老年人个体的多维相对贫困程度，使用A-F双临界值法构建老年人整体的多维相对贫困指数，并对各个维度的相对贫困状况进行具体的界定。

第四，社会资本对中国老年人相对贫困影响的实证分析。首先，分析社会资本各要素以及社会资本对中国老年人多维相对贫困程度的影响，这种影响在城乡之间、不同地区之间、不同年龄组之间的异质性，并探讨经济资本和消费支出在其中的中介作用。随后，分析社会资本对中国老年人不同维度相对贫困状况的影响及其异质性，并探讨经济资本、经济资本和消费支出、经济资本和休闲支出在各个维度中的不同中介作用。

第五，缓解老年人口相对贫困的对策建议。根据上述理论研究和实证分析的结果，探索建立老年人口社会资本的培育机制、相对贫困的治理机制以及社会资本减贫效应的提升机制，以此促进老年人口社会资本存量的增加，并为我国有效解决老年人口的相对贫困问题建立长效机制。

在具体研究框架下，各章节的内容安排如下：

第一章是导论。本章提出本书要解决的问题。首先介绍本书的研究背景和研究意义，其次对与社会资本的测度及效应、相对贫困的测度及影响因素、社会资本对相对贫困的影响研究相关的文献进行综述；随后介绍本书的主要研究内容和研究框架；接着阐述本书使用的微观数据与研究方法；最后描述本研究的创新之处。

第二章是基本概念与理论基础。首先界定老年人、社会资本和相对贫困的基本概念，然后对社会资本理论、相对贫困理论以及社会分层理论进行系统的梳理、归纳和总结，为下文进一步分析提供支撑。

第三章是社会资本对老年人口相对贫困的影响机理分析。首先，系统总结我国老年贫困治理的经验，包括老年贫困治理面临的现实背景、老年贫困形式的转变以及老年贫困的治理历程三个方面的内容。随后，借鉴相关治理经验并结合老年人自身特点介绍社会资本影响老年人口相对贫困的理论框架。

第四章是中国老年人相对贫困的测度与分析。本书选取经济收入、物质、健康3个维度13项指标，采用等权重法进行赋权，测度老年人个体的多维相对贫困程度，使用A-F双临界值构建老年人整体的多维相对贫困指数，并设定各个维度相对贫困状况的识别标准，通过具体的分析，从而对我国老年人的综合相对贫困和不同维度相对贫困有比较全面深入的认识和了解。

第五章是社会资本对中国老年人多维相对贫困程度的影响。此章主要分析社会资本各要素以及社会资本对老年人多维相对贫困程度的影响，这种影响在城乡之间、不同地区之间和不同年龄组之间的异质性，以及经济资本和消费支出在其中的中介作用。

第六章是社会资本对中国老年人单维相对贫困状况的影响。此章主要分析社会资本对老年人各个维度相对贫困状况的影响及其异质性,并探索经济资本、经济资本和消费支出、经济资本和休闲支出在各个维度中的不同影响机制。

第七章是结论与建议。首先,根据上文的研究结果与详细的讨论,总结出研究结论。随后,为培育老年人口社会资本、缓解老年人口相对贫困、提升社会资本减贫效应提出相应的对策建议。

数据来源:

本书使用的数据来源于2018年中国健康与养老追踪调查(CHARLS),该调查是由北京大学国家发展研究院主持、中国社会科学调查中心执行的一项跨学科调查项目。该微观调查数据的调查对象是中国45岁及以上中老年人,涵盖了中老年人个体与家庭的相关问题,能够基于跨学科的视角深入分析中国的人口老龄化问题。调查采用了多阶段抽样,在县/区和村/居抽样阶段均采取人口比例概率抽样方法(Probability Proportional to Size),调查范围为全国28个省(自治区、直辖市),覆盖了150个县级单位的450个社区或村庄,样本具有比较广泛的代表性。问卷内容包含被调查对象的基本情况、社会网络状况、社会参与状况、社会支持状况、工资收入水平、退休金/养老金收入水平、各项物质状况、身体健康状况、抑郁状况等,能较好地满足本研究的需要。本书选取60岁及以上老年人为研究对象,在删除变量值存在缺失、无效等情况的样本后,最终得到3652个样本。

研究方法:

(1)文献分析法

文献分析法是以研究目的和研究内容为依据,通过查阅大量资料(包括教材、专著、译著、期刊、报纸、研究文集、政府政策文件和互联网媒体报道等)对所要研究的问题进行系统全面的了解,然后对收集到的资料进行整理、分析和归纳,发现已有研究的不足和亟需改进之处,从而拟定自己的研究方向并形成可行的技术方案,使本书之后的研究建立在可靠的基础上。

(2)权重设定方法

本书在测度老年人的社会资本指数时，对各个指标使用客观赋权法进行赋权。客观赋权法是对数据本身进行挖掘的一种赋权方法，不借助数据以外的信息，各指标权重的确定是基于数据本身的信息以及各指标之间的关系，其最大特点是一旦评价指标的数据确定，则评价权重和评价结果确定。

①熵权法。熵权法是客观赋权法的主要方法之一，旨在根据各评价指标值之间的差异程度来对其进行赋权。信息论认为，信息是系统有序程度的一个度量，熵是系统无序程度的一个度量。通过计算某个指标的信息熵，来反映该指标提供的信息量的多少，以确定该指标在综合评价中的影响。如果某个指标的信息熵越小，指标的变异程度越大，提供的信息量越多，则其权重越大。

②变异系数法。变异系数法也是一种客观赋权法，以指标的标准差作为信息量来确定权重，不涉及指标间的相互关系。指标所包含的信息量越大，则其权重越大（俞立平和郑昆，2021）。

(3)A-F 双临界值法

由于多维性是相对贫困的典型特征，因此其测度也应该是基于多维视角的测量。本书采用 A-F 双临界值法这种多维贫困测度方法，来测度老年人的多维相对贫困指数。测度步骤主要包括：①建立多维相对贫困的指标体系；②为每个指标设定权重，所有权重之和等于 1；③设置双重临界值，即单项指标的相对剥夺临界值和多维相对剥夺临界值；④对单个指标的相对剥夺得分进行加权求和得到多维相对剥夺得分，并与多维相对剥夺临界值比较来判断个体是否处于多维相对贫困状态；⑤根据公式计算多维相对贫困指数。

(4)描述统计法

本书首先从宏观层面对我国人口老龄化的发展状况和老年贫困状况进行描述性分析，然后结合微观数据对老年人的多维相对贫困程度、多维相对贫困指数、单维相对贫困状况进行描述性统计分析,从而揭示我国老年人相对贫困的特征表现。

(5)计量分析法

本书在第五章首先使用多元线性回归模型和分位数回归模型分析社会资本对老年人口多维相对贫困程度的影响,并使用工具变量线性回归模型和工具变量分位数回归模型进行内生性处理,接着进行稳健性检验,然后使用线性回归模型进行异质性分析,最后使用结构方程模型检验其中的中介效应。在第六章首先使用基于 y^* 标准化的二元 Logit 回归模型分析社会资本对老年人口各个维度相对贫困状况的影响,并进行稳健性检验和异质性分析,然后使用广义结构方程模型检验各自的中介效应。

研究创新:

第一,本书聚焦于老年人的结构型社会资本,选取社会网络、社会参与、社会支持三方面的内容,并综合以上三个指标构建老年人的社会资本指数,丰富社会资本的研究内容,对社会资本的理论体系进行补充。

第二,本书结合中国老年人口的自身特点,从收入、物质、健康三个维度构建老年人相对贫困的指标体系,这些指标涵盖老年人的经济收入、物质生活、健康水平和精神卫生,是我国老年贫困的主要方面,通过具体测度可对我国老年人个体的多维相对贫困程度、整体的多维相对贫困指数和各个维度的相对贫困状况有比较清晰的了解,有助于全方位了解老年贫困的特征。

第三,以往的研究较少关注社会资本对老年人口相对贫困的缓解作用,本书以老年人口为研究对象,从综合贫困的角度分析社会资本对老年人口多维相对贫困程度的影响及其马太效应,并结合跨期消费选择理论证实经济资本和消费支出在其中存在着多重链式中介效应,这种影响机制未在其他研究中发现。

第四,本书对老年人各个维度的相对贫困状况进行界定,并分析社会资本对老年人各个维度相对贫困状况的影响及其马太效应。而且,从理论和实证的角度，在综合贫困的影响机制的框架内，细化社会资本对老年人不同维度相对贫困状况的影响机制，证实经济资本在社会资本对老年人收入相对贫困状况的影响中起到完全中介作用，以及经济资本和消费支出、经济资本和休闲支出分别在社会资本对老年人物质相对贫困状况和健康相对贫困状况的影响中起到多重链式中介作用。

第 2 章 基本概念与理论基础

2.1 基本概念

2.1.1 老年人

老年人的定义与"老年"的年龄规定有关,即"老年"的起点年龄是多少岁。用来确定老年人的年龄包括年代年龄、生理年龄、心理年龄和社会年龄。年代年龄又称时序年龄,是指个体出生以后所经历的岁月。生理年龄是根据个体的细胞、组织、器官系统的生理状况和生理功能来确定的年龄。心理年龄是根据个体的心理活动程度来确定的年龄,它受大脑和心血管系统状态的影响,并涉及到个人的记忆、学习、智力、技能、动机和情绪等心理活动的情况。社会年龄是指一个人在和其他社会成员的关系上扮演的角色或社会习惯方面所表现的年龄。由于生理年龄、心理年龄和社会年龄都难以测定,所以国际上通常都以年代年龄为尺度来划分老年人口(陈俊傲,2012)。

老年起点年龄的标准受时间和空间的影响,在不同历史时期、不同国家或地区,由于经济发展水平、物质生活水平、医疗卫生技术条件、人体素质的差别所带来的衰老有早晚(向洪,1994)。1900 年,瑞典人口学家桑德巴(Sundbarg)发表的《人口年龄分类和死亡率研究》中提出了人口年龄构成理论,他把 50 岁作为老年起点年龄。1956 年,联合国发布的《人口老龄化及其社会经济含义》将65岁作为老年起始年龄。1977年，波兰人口学家爱德华·罗赛特(Edward Rosset)在研究人口老龄化时把60岁定为老年人的起点年龄。一般来说，人口平均寿命与老年起点年龄密切相关，随着社会经济的发展和人们身体素质的提高，人口平均寿命得到延长，老年起点年龄有不断后移的趋势。此后，为了研究和统计方便，联合国将老年起点年龄定为60岁或65岁(李竞能，2004)。

我国在实际统计工作中也通常将老年起点年龄定为60岁或65岁，例如《国民经济和社会发展统计公报》中同时报告60岁及以上和65岁及以上人口的规模和比重。但是，在《中华人民共和国老年人权益保障法：最新修正本》中对老年起点年龄却有明确的规定："本法所称老年人是指六十周岁以上的公民"(全国人大常委会办公厅，2015)。

本书采用的老年起点年龄为60岁，将60岁及以上人口视为老年人。其原因在于：第一，大多数人在60岁以后不再承担繁重的工作和重体力劳动，体质也发生了明显的改变；第二，我国为老年人出台的很多政策长期以60岁作为标准；第三，我国依然是发展中国家，2021年人口平均预期寿命为78.2岁(国家卫生健康委，2022)，与大多数发达国家仍然有明显的差距。因此，60岁作为老年起点年龄更加符合我国的实际情况。

2.1.2　社会资本

法国社会学家Bourdieu(1980)首次提出了社会资本的正式概念：社会资本是实际或潜在资源的集合，这些资源与由共同熟识和认可组成的持久关系网络有关，而这种关系或多或少是制度化的；它从集体拥有的角度为每个成员提供支持，与一个群体中的成员身份有关。美国社会学家Coleman(1988)是第一个从理论上对社会资本给予全面而系统论述的社会学家，他从功能的角度来界定社会资本：社会资本是指个人拥有的以社会结构资源为特征的资本财产；社会资本由社会结构的各个要素构成，存在于人际关系的结构中，并为结构内部的人提供便利，有各种不同形式的实

体。Portes(1995)认为社会资本是个人通过他们的成员身份在网络中或者在更宽泛的社会结构中获取稀缺资源的能力，这种能力不是个人固有的，而是包含在个人与他人关系中的一种资产，是社会嵌入的结果。美国政治学家 Putnam(1993)从社会组织的角度将社会资本定义为社会组织的某种特征，诸如信任、规范和网络，这些特征可以通过促进合作行动而提高社会效率，也有利于解决集体行动的困境。Burt(1992)把社会资本定义为网络结构给网络中的行动者提供信息和资源控制的程度，他称之为"朋友、同事以及更普遍的熟人，通过它们获得使用金融和人力资本的机会"，亦即"结构洞的社会资本"。美国华裔社会学家林南(2005)从网络资源的角度定义社会资本：社会资本是一种通过社会关系获得的社会资源，包含其他个体行动者的资源(如财富、权利、声望和社会网络等)，个体行动者可以通过直接或间接的社会关系获取它们。美国日裔学者福山(1998)从文化的角度定义社会资本：社会资本是建立在社会或者特定的群体之中成员之间的信任普及程度，是一个社团中成员对彼此常态、诚实、合作行为的期待，其基础是社团成员共同拥有的非正式的价值观念和规范。

社会资本在国内也并无统一的概念。边燕杰(2004)认为社会资本的本质是社会关系网络所蕴含的、在社会行动者之间可转移的资源。刘传江和周玲(2004)将个体从社会网络和其身处的社会制度中所可能获得的资源定义为社会资本。车四方(2019)将农户家庭的社会资本定义为嵌入于个体家庭结构中的社会网络、信任与规范，并能通过社会交往、社会信任等方式为家庭成员带来便利的资源。王恒(2020)认为社会资本是指人们在日常交往活动中产生的各种社会关系网络而逐渐形成个体的社会资本，个体通过彼此之间的合作互惠，可以进行信息交换和降低交易成本。

通过对上述文献进行梳理分析，基于本书的研究对象和研究内容，本书将老年人的社会资本定义为：老年人在日常交往活动中形成的各种社会关系所蕴含的能为老年人带来便利的可转移的资源。老年人的社会资本应当包含如下含义：①社会资本是一种无形资产，兼具物质资本、人力资本、经济资本、文化资本等资本的共同属性，具有增值性，能为老年人带来便利；②社会资本蕴含在老年人在日常交往活动中形成的各种社会关系网络之中，具有嵌入性，是嵌入的结果；③社会资本是一种可转移的资源，既包括他人为老年人直接提供的资源和老年人间接获取的资源，也包括老年人为他人提供的资源，也即老年人投入的资本，以期将来能够获取回报。

2.1.3 相对贫困

根据对贫困问题的不同理解，可以将其分为绝对贫困和相对贫困两种形式。现代贫困研究先驱之一Rowntree(1901)提出了著名的绝对贫困定义，即"一个家庭的总收入不足以使其获得仅能维持身体正常功能的最低限度的生活必需品"。绝对贫困的"绝对"有两个方面的含义：一是指界定贫困的尺度是绝对的，它以维持或满足人的基本生存或基本需要为参照标准；二是指贫困的程度较深，处于绝对匮乏或剥夺状态，它以人的基本生存为核心，常以特定的收入水平为贫困线。确定绝对贫困线的方法主要有标准预算法、恩格尔系数法、马丁法等。

Townsend(1979)最早提出了相对贫困的概念，他认为相对贫困是与既定参照群体相比较时，由于资源、机会、权利等被相对剥夺，导致其参与社会活动的机会缺失、选择空间受限、增收渠道减少、生活水平低下而体现出的"相对被剥夺"的社会现象。如果人们因缺乏或者被剥夺了实现通常定义社会成员身份的生活条件所应当具备的资源，而被排斥在正常的生活方式和社会活动之外，他们就处于贫困之中。这一观点强调贫困是相对于社会平均水平而言的，从而具有鲜明的"相对主义"色彩。从此意义上讲，相对贫困强调社会层面的"相对剥夺感"，收入不足仅仅是其众多表象之一（刘洪和张想想，2022）。阿玛蒂亚·森(2001)提出可行能力理论，他认为贫困不仅仅是物质资源的稀缺，更重要的是能力的缺失与被剥夺。相对贫困与绝对贫困的不同之处在于：绝对贫困通常仅关注收入贫困，而相对贫困则关注包含收入贫困在内的多重贫困。

老年人口的相对贫困是相对贫困的重要类型之一，本书将其定义为部分老年人由于资源、机会、权利等被相对剥夺，导致其收入、物质、健康、精神等多个方面出现"相对被剥夺"的现象。老年人口相对贫困的治理以老年贫困人口的发展为核心，更加关注他们对美好生活的向往。老年相对贫困人口的收入水平、生活质量、健康状况、精神状况等明显低于其所处社会的平均水平。老年人口相对贫困的治理不只解决老年人的基本生存问题，而且更加重视个体发展以及老年人口共享发展成果问题；不仅要持续解决收入上的相对贫困，还要着力解决多维的相对贫困；不仅要尽力减少老年相对贫困人口，还要努力缩小老年人口与其他群体的贫富差距以及老年人口内部的贫富差距(《农民日报》，2020)。

2.2 理论基础

2.2.1 社会资本理论

2.2.1.1 不同视角的社会资本理论

Bourdieu从关系网络的角度阐述了社会资本理论。他认为社会存在各式各样的关系，这些关系不是行动者之间的互动或个人之间的主体纽带，而是独立于个人意识存在的客观关系(包亚明，1997)。在关系方法论的基础上，他引入了"场域"和"资本"的概念。场域是以各种关系联系在一起并以各种形式表现出来的社会情境或社会领域，虽然场域中存在社会行动者、群体、制度和规则，但场域的本质是这些社会构成要素之间的关系，即社会关系网络。在此基础上，他提出了三种不同类型资本的概念：经济资本、文化资本和社会资本。他认为，资本是一种权力形式，既可以对自己和他人的未来施加控制和支配，也可以调节人与社会的关系。在三种资本形式中，经济资本是最有效的资本，文化资本和社会资本是非物质形式的资本，

但也具有资本的一般特性,并且能够与经济资本相互转化,但文化资本和社会资本向经济资本的转化较为复杂且不是即时的,带有一定的风险性。社会资本作为一种资源,每一个被联系在其中的社会成员都可以从中受益,但受益大小取决于成员可有效动员的网络模式,依赖于与他有关系的成员拥有的经济、文化和符号资本的数量与质量(肖冬平和王春秀,2013)。

Coleman(1988)从社会结构的角度阐述了社会资本理论。他提出了社会资本的五种形式:义务与期望、信息网络、规范与有效惩罚、权威关系、多功能社会组织和有意识地创建的社会组织。社会资本具有"公共品"的性质,容易诱发人们产生"搭便车"的心理,因而常常得不到有效的投资。影响社会资本形成、保持和消亡的因素主要有社会结构稳定程度、社会网络的封闭性以及意识形态等。

Portes(1995)从网络成员关系的角度将社会资本理论推进到社会网络的微观层次。他在社会资本定义中区分了理性嵌入和结构性嵌入。所谓理性嵌入,是指在互惠交换的预期下,强迫对方承认的预期能力的双方关系基础上的社会嵌入。当行动的双方成为更宽泛的社会网络的一部分时(即结构性嵌入),信任就会随着相互预期而提高,更加宽泛的社群会强制推行各种约束因素,即"可强制推行的信任"。他认为互惠的预期与可强制推行的信任都是借助于社会成员对约束因素的恐惧而推行的。通过从双方约束预期调节的社会联系向由可强制推行的信任调节的社会联系的过渡,他把社会资本的概念从以自我为中心的层次扩展为更多的社会网络结构影响的层次,这有助于进行微观和中观层次的分析(托马斯·福特·布朗和木子西,2000)。

Burt(1992)从"结构洞"的角度阐述了社会资本理论。他认为社会资本既表现为互动者所拥有的资源,也表现为互动者的社会结构,由此提出"结构洞"理论,将社会资本研究的关注点从网络中的资源转向网络中的结构及其分配结果,从个体自我转向自我之间的联系。他认为,正是由于缺乏联系,推动了个人流动、信息和资源的获取。在社会网络中,所有的节点不

是都存在联系，节点之间的联系经常会被打断，这就形成了"结构洞"。那些能够通过连接两个没有联系的节点的结构位置建立联系获取收益的权力就是社会资本。社会资本的网络结构受到网络限制、网络规模、网络密度和网络等级的影响。

Putnam(1993)将社会资本引入政治学研究中，从社会组织的角度来研究社会资本，实际上是集体层次的分析。他认为，由于一个地区具有共同的历史渊源和独特的文化环境，人们容易相互熟知并成为一个关系密切的社区，组成紧密的公民参与网络，在公民参与网络中，商业联系根植于社区和家庭结构，这一结构通过各种方式对破坏人们信任关系的人或行为进行惩罚而得到强化，这种公民精神和公民参与所体现出来的就是社会资本。实际上，Putnam把社会资本等同于社区中的公民精神水平，或者是一种"关系银行"，体现了社会资本的社区观。一个依赖普遍性互惠的社会比一个信任缺乏的社会更有效率，因为信任为社会生活的运行增添了润滑剂。他认为，诸如信任、网络的社会资本存量具有自我强化的倾向，公民参与的网络一般性交流促进了社会信任的产生。

林南(2005)从网络资源的角度阐述了社会资本理论。他首先提出了社会资源论，社会资源由个人资源和社会资源两部分组成。个人资源是个体所拥有的资源，表现为人力资本，包括物品和符号物品(如学历和职称)的所有权。社会资源是个人通过社会联系所获取的资源，表现为社会资本。由于社会联系的延伸性和多样性，个人有不同的社会资源。社会资源的利用是个人实现其目标的有效途径，个人资源又在很大程度上影响着他所能获得的社会资源。然后，他又在社会资源论的基础上提出了社会资本理论，认为社会资本是一种通过社会关系获得的社会资源，包含其他个体行动者的资源(如财富、权力和声望等)，个体行动者可以通过直接或间接的社会关系获取它们。社会资本的概念包含三种成分：嵌入社会结构中的资源、个人获取社会资源的能力、通过有目的的行动运用和动员这些社会资源的能力。社会资本存在于一定的社会结构之中，人们必须遵守其中的规则才

能获得行动所需的社会资本,这揭示了社会资本的客观存在性和人的主观能动性。社会资本可以促进信息流动、对代理人施加影响(如组织的管理者或招聘者决定职员的晋升或雇用)、被组织或代理人确定为个人社会信用的证明、增强认同和认可,通过这四类要素可以解释社会资本为什么能在工具性和情感性行动中发挥作用。

福山从社会文化的角度阐述了社会资本理论,其理论是建立在社会信任基础之上的。他认为附着在社团之中的社会资本通常是宗教、历史、传统、习俗等文化机制建立起来的,这些团体可以是家庭,也可以是规模庞大的家庭,还可以是介于两者之间的其他社会群体。社会资本的深层次基础是文化因素,特定的文化传统塑造了人与人之间的信任关系,造就了不同的社会资本与社会自发力,进而决定了社会各类组织的格局与社会经济的总体发展状况。社会资本根植于文化,它是信任的熔炉,是一个经济体健康与否的关键。反过来,社会经济组织运行中产生的经济伦理又会反作用于社会资本,巩固原有的文化传统,进一步影响经济社会的发展(肖冬平和王春秀,2013)。

2.2.1.2 社会资本的特征

社会资本作为资本的一种存在形式,具有资本的一般属性,主要表现为以下方面:①增值性。社会资本作为一种资源集合,具有资本实现增值的属性,能够给人们带来高于其自身价值的价值。②生产性。社会资本作为生产要素投入生产活动之中,在实现社会资本自身网络扩张的同时,能给人们带来收益。③积累性。社会资本可通过社会结构中的人际关系互动、信任和规范等实现扩张。④规模效应性。社会资本网络在规模不断扩大、结构更趋开放时,能够产生规模效应。⑤可转换性。社会资本可以转换成其他形式的资本,比如经济资本和物质资本等。⑥需要更新。社会资本需要不断地更新与发展,不断发展并完善现代形式的社会资本,才能更好地促进社会的良性发展。

社会资本作为一种特殊的非正式资本,又具有自己独有的特征,主要

表现在以下方面：①无形性。社会资本主要表现为人与人之间的关系，存在于社会网络中，看不见也摸不着，是一种无形的资本。②准公共性。社会资本具有私人资产和公共物品的双重性质，虽然可以为个人所用，但并不完全受个人支配。社会资本是关系人共有的一种结构资源，但对于关系网络之外的成员，又具有一定的排他性。③不可转让性。社会资本的拥有者可能为个人、组织或整个社会，为结构内部的人提供便利，具有不可让渡的特性。④再生性。社会资本不同于物质资本，不会由于使用而减少，是非短缺的，具有可再生性，会由于不断地消费和使用增加其价值。

2.2.1.3 社会资本的功能

研究者们对社会资本的关注起初主要集中在其对行动者和社会的积极影响上。社会资本的正面功能主要有：第一，社会资本作为一种存在于社会关系中的生产性资源，人们可以凭其获得经济资本、文化资本等其他形式的资本；第二，社会资本能够替代或补充其他形式的资本，当经济资本或人力资本不足时，行动者可动用其广泛的人脉关系予以补充；社会资本可以减少交易成本，提高效率；第三，社会资本具有"黏合剂"的作用，Newton(1999)认为通过互惠和信任，社会资本有助于把个人从以自我为中心且缺乏社会责任感的状态转变为对社会关系有共同利益感的状态；第四，社会资本是行动者巩固自身资源和防止资源损失的有效工具；第五，社会资本是个体从家庭以及家庭以外的社会关系网络获取支持和利益的重要来源(吴欢，2013)。

Portes(1998)是最早关注社会资本的负面影响的学者之一。社会资本的负面功能主要有：第一，社会资本对外来者排斥，一个群体会阻碍该群体之外的人获得该群体所控制的特定社会资源；第二，社会资本会导致对组内成员的过度要求，这会限制成员创新能力的发挥和事业的进一步发展；第三，整个群体从社会资本获益，是以牺牲个人利益和限制个人自由为代价的；第四，社会资本会使衡量标准不断降低，当一个社区的团结是由共同的苦难经历以及与主流社会的对立凝聚而成的时候，降低了的衡量标准就会让那些受到压制的组织成员安于现状,并迫使那些更有抱负的成员离开其熟悉的社区。

2.2.1.4 社会资本的分类

Uphoff(1996)依据社会资本的不同来源和表现、动力因素和一般功能,将社会资本划分为结构型社会资本与认知型社会资本。结构型社会资本是外在的和易观察的,而认知型社会资本是内在的和不易观察的。结构型社会资本相对客观,是对个人社会关系的描述,与各种社会组织相联系,由群体的努力而设计出来。认知型社会资本则相对主观,指个人对其社会关系中存在的价值、规范、观念和信任等方面的判断,与人们的思想有关(张竞月和许世存,2021)。

Collier(1998)认为社会资本可以分为政府社会资本和民间社会资本。政府社会资本是指影响人们为了相互利益而进行合作的能力的各种政府制度,包括契约实施的效率、法律规则、公民的自由。民间社会资本包括共同的价值、规范、非正式网络、社团成员这些影响个人为实现共同目标进行合作的能力的制度因素(马得勇,2009)。

Krishna(2000)把社会资本分为制度型社会资本与关系型社会资本。制度型社会资本与促进互利集体行为开展的结构要素有关,如各种市场规则、法律和制度框架;关系型社会资本表现为各种关系网络,涉及在与他人合作时影响个人行动的价值观、态度、准则和信念。在实际生活中,两者之间常常无法清晰地区分开来,它们相互影响、互为补充。

Colletta and Cullen(2002)把社会资本分为黏结型社会资本、桥接型社会资本和链接型社会资本。黏结型社会资本为强联结关系,是指较为紧密联系的同质人群,如家庭成员、老朋友之间的联结,它能够促进成员间的承诺与互惠并强化联结。桥接型资本为弱联结关系,是关系较为疏远但彼此拥有共同利益的人群所形成的联结,如各种公民性社团组织,它是一种水平的联结,有助于外部资源及相对疏远的人群间的联结。链接型社会资本是不同社会层级的个人或团体间的联结关系,它跨越不同人群,将处于

水平和垂直关系的人群相互联结。

根据社会或组织结构的特点,社会资本也可分为"网状"社会资本与"柱状"社会资本,亦可称之为"水平"结构的社会资本与"垂直"结构的社会资本。前者依托的社会或组织结构表现为开放的横向结构特点,体现对称的横向联系,把具有同等地位和权力的行动者联系在一起;后者则表现为封闭的纵向结构特点,体现为等级制的纵向关系,把不平等的行为者结合在不对等的依附关系和等级之中。

2.2.1.5 社会资本的研究层次

(1)个体和群体的研究层次

在个体层次上的社会资本,焦点在于个人如何在社会关系中投资,以及个人如何获得嵌入于关系中的资源以产生回报。在群体层次上的社会资本,焦点在于某些群体如何发展和维持或多或少的社会资本作为其集体资产,以及这些集体资产如何增加群体成员的生活机会。

(2)微观、中观和宏观的研究层次

微观层次上,社会资本分析是嵌入自我的观点,社会资本理论关注的是个体通过包含自我在内的社会网络动员资源的潜力。中观层次上,社会资本分析是结构的观点,社会资本理论研究的是特定社会网络的结构化,社会网络中个体之间联系的状况,以及资源作为其特定结构的结果从该网络中形成的途径。宏观层次上,社会资本分析是嵌入结构的观点,社会资本理论关注的是形成、证明和展开社会资本的网络如何嵌入在较大的政治经济系统或文化与规范的系统之中(郭毅和罗家德,2007)。

2.2.2 相对贫困理论

2.2.2.1 国外关于相对贫困的理论

亚当·斯密将贫困定义为:"无法获得维持生活所必需的商品,且无法达到符合一国风俗习惯的最低限度的体面生活",这体现了贫困概念的相对性(Gilbert,1997)。Rowntree认为生存所需的必需品清单通常是固定的,

因而其对贫困的定义自然是绝对的。"相对主义"论者认为贫困概念中的"生活必需品"不是绝对的,而是相对的,其理由如下:第一,个体或家庭为了生存所需的必需品与其所在地区的气候条件等环境因素有关;第二,贫困不仅是生理学意义上的生存需要无法得到满足,更是社会学意义上的生活需要不能实现。"相对主义"的代表学者Townsend主张贫困不是绝对的状态,而是相对的剥夺,必要资源的短缺使人们无法融入社会普遍认可的生活,被排斥在正常的生活方式和社会活动之外。这一观点表明了贫困是相对于社会平均水平而言的,突出了"相对主义"的论调(Alock,1993),此后被英国等一些欧洲福利国家广泛地引入到政策实践中。

Sen(1999)认为将相对贫困界定为低于收入中位数某个百分比(一般为50%或60%)的方法是一种完全相对的观点,背离了贫困的本质。他认为贫困并不局限于生存,其标准在不同的社会不是一成不变的,也会随着特定时空的变化而变化,但贫困应当具有一个"绝对"的内核:基本可行能力的剥夺是绝对的,贫困也应是绝对的。根据他的理论,世界银行将贫困定义为"缺少达到最低生活水准的能力",并运用于对贫困的评估之中(World Bank,1990)。

Townsend的"相对主义"贫困观与Sen的"可行能力"贫困观的定义均可看作是相对贫困,他们都赞同亚当·斯密对需求的理解,认为贫困不再只关注个体或家庭的基本生存需要,而是着眼于更高层次的需求,而且贫困的标准也不是保持不变的,因而标准也是相对的。Townsend的相对剥夺理论的核心是"绝对的相对",侧重于"相对贫困"中的"相对",他认为贫困应该首先被定义为相对,贫困的判断需要与社会中的其他人相比较。Sen的能力贫困理论的核心是"相对的绝对",关注"相对贫困"中的"贫困",他认为贫困应该首先被定义为绝对,坚持"可行能力"的绝对剥夺。Sen的贫困理论是对传统的贫困理论和Townsend的相对贫困理论的一种创新,它们在贫困理论的研究中是不可分割的理论体系(杨立雄和谢丹丹,2007)。

2.2.2.2 国内关于相对贫困的理论

相对贫困不能被消灭，只能被缓解。习近平总书记指出，2020年后相对贫困仍将长期存在，针对绝对贫困的脱贫攻坚举措要逐步调整为针对相对贫困的日常性帮扶措施(习近平，2019)。此后，我国的反贫困战略由消除"绝对贫困"转向缓解"相对贫困"。相对贫困治理是实现全体人民共同富裕的重要途径，而共同富裕是相对贫困治理的目标追求。因此，我国相对贫困理论的发展始终与实现共同富裕的价值导向密切相关。"共同富裕"通过保障权利的平等和机会的均等，逐步缩小结果分配的差距，进而消灭剥削，消除两极分化，实现每个人自由而全面的发展，这正是相对贫困治理的内在要求。

国内关于相对贫困理论的讨论也基本沿袭Townsend和Sen的两种不同观点。

(1)"相对的绝对"说

"绝对"可理解为贫困在温饱之上实现发展的基本需求无法得到满足，"相对"则是贫困的定义与社会公认的贫困标准有关。童星和林闽钢(1994)认为如果温饱基本解决，简单再生产能够维持，但低于社会公认的基本生活水平，缺乏扩大再生产的能力或能力较弱，那么就表现为相对贫困。陈基平和沈扬扬(2021)、梁文凤和赵利春(2021)都认为相对贫困是一种"发展性贫困"，基本的生活需求虽然能得到满足，但普遍处于社会公认的基本生活水准之下，主要包含物质收入、基本能力和基本权利三个维度。檀学文和谭清香(2021)也指出相对贫困包含了发展能力和机会缺失的绝对内核。

(2)"绝对的相对"说

"相对"突出在与社会上的其他人相比上，贫困的相对性是"绝对"的。《中国农村贫困标准》课题组(1990)提出相对贫困是比较而言的贫困，生活水平最低的那些人口或地区称之为相对贫困人口或相对贫困地区。陈宗胜等(2013)从收入不平等的角度阐述相对贫困，即个体在物质和生活条件上相对于他人匮乏的状态。李莹等(2021)认为与绝对贫困相比，相对贫困更关注财富、收入和权利分配的不平等。

以上这两种观点的不同之处在于：前者主要聚焦于"贫困"，关注发展能力的培育和对美好生活的向往，追求自由和自主；后者主要聚焦于"相对"，关注贫富差距较大和社会分配的不平等，追求公平和正义。这映照出我国自改革开放以来扶贫理念内含的政府逻辑与市场逻辑之间的张力，也体现了建设中国特色社会主义实践中对兼顾效率与公平的不断探索（姜晓萍和郑时彦，2022）。

2.2.2.3 相对贫困的特征

相对贫困具有如下这些特征。

(1) 相对性

相对贫困是一个具有相对性与比较性的概念，一个人（或家庭）是否陷入相对贫困取决于处于相同社会经济环境下的其他成员的状况。相对性是相对贫困的本质属性，主要体现在以下几个方面。

①主客观相对性。相对贫困既呈现为一种客观状态，也表现为一种主观体验。相对贫困的衡量有其客观标准，不以人们的主观感受而改变，若个体拥有的资源低于相对剥夺临界值，则处于相对贫困状态。相对贫困也具有主观性，社会对相对贫困的关注与社会公平、社会公正、社会平等紧密联系在一起，人们对相对贫困的感知与其感受到的相对剥夺、社会不公以及忍受不平等的心理预期等社会心态有关（向德平和向凯，2020）。相对贫困标准的确定也依赖于相关研究人员基于不同国家或地区现实情况的主观判断。

②时空相对性。相对贫困表现为时间相对性。在不同的时期，社会经济的发展水平和社会资源的存量不同，相对贫困的衡量标准也不能一成不变，而是需要随着时间的推移和社会经济的发展进行动态调整的。只有不断调整相对贫困标准，才能更精准地识别贫困人群并对其进行针对性的帮扶，方可达到小康社会的更高水平，达成共同富裕的更高目标。

相对贫困也表现为空间相对性。"依附理论"认为，在全球化背景下，

发达国家和地区处于世界经济的中心，处于支配地位；发展国家中处于世界经济的外围，受前者的剥削和控制，后者依附于前者。边陲经济学家们认为世界体系有着"核心—半边陲—边陲"的结构，核心社会与边陲社会形成两极化，核心社会在经济上掠夺边陲社会，而半边陲社会则介于两者之间，起到稳定体系的作用。这都从宏观上揭示了发展中国家相对于发达国家和地区的边缘地位及相对贫困现象。我国之前存在典型的城乡二元经济结构，近年来城乡融合发展初显成效，但相对贫困仍表现出明显的城乡相对性。改革开放后我国区域发展差异逐渐拉大，相对贫困也表现出显著的区域相对性，即使在城市之间或者发达地区内部，相对贫困也表现出较为突出的空间相对性。

③群体相对性。与绝对贫困相对稳定的标准不同，相对贫困超越了物质条件的客观性，表现为群体之间的"相互对照"(袁伟和季正聚，2021)，即群体相对性。在不同的群体之间或同一群体内部，相对贫困始终存在，不以时间、地点、条件为转移。相对贫困反映了不同社会成员之间的资源和利益分配关系(唐任伍等，2020)。与其他人群相比，老年人、残疾人作为社会中的弱势群体，更容易处于相对贫困状态。

(2) 多维性

与绝对贫困治理聚焦于解决"两不愁三保障"的基本生存性需求不同，相对贫困治理旨在实现全体人民共同富裕的发展性需求。相对贫困拓展了贫困概念的传统含义，是一种资源、机会、权利等社会层面的"相对剥夺感"。相对贫困是多维视角的概念，包括收入、生活、健康、精神、教育、机会、权利以及自我认同等方面的内涵，因此相对贫困的测度也应该是多维视角的测度。此外，贫困人口主体的多元性也决定了相对贫困的多维性，不同人群相对贫困涵盖的维度需要根据其固有特点进行差异化的组合选择，并非完全统一。

(3) 长期性

相对贫困一般以社会的平均收入或中位数收入的某个百分数为衡量标

准,而不同人群的收入不能达到绝对的均衡,这种收入差距将会长期存在,因而相对贫困也会长期存在(汪三贵和刘明月,2020)。相对贫困的相对性和多维性也决定了这种贫困形式将长期存在。当前,我国依然处于并将长期处于社会主义初级阶段,存在着发展不平衡不充分的问题,始终有一些人口处于相对低收入水平、相对低生活质量、相对发展能力低下、相对发展机会缺失的状态,始终有一些地区属于相对的经济欠发达地区。换言之,只要发展不平衡不充分的问题依然存在,相对贫困问题也会长期持续(秦楼月,2022)。相对贫困形成因素的复杂性与发展的动态性也决定了相对贫困的长期性,决定了相对贫困治理的长期性、艰巨性与复杂性。

2.2.3 社会分层理论

马克思的阶级理论主要从生产关系的视角分析社会分层现象。他的主要观点有:第一,阶级现象的出现同社会生产力发展的特定的历史阶段相联系;第二,社会分工和私有制是阶级的起源;第三,主要依据经济标准,即生产资料的占有方式作为社会阶级划分的标准;第四,不同阶级之间的利益矛盾与斗争是推动人类社会发展的直接动力(虞满华和卜晓勇,2017)。

韦伯的多元分层理论认为社会分层是一个多元的复杂的社会现象,应该用多重标准划分社会成员的等级次序,并确定了财富、权力和声誉三个相对独立的分层基本标准,分别对应着经济、政治和社会三个基本方面。财富是社会分层的经济标准,他把经济因素划分的社会地位称为阶级,即阶级是由一群在经济生活状态或变化方面相同或类似的人构成,此概念与马克思所阐述的阶级的概念不同,它不涉及人们在所有制中的地位,只与财富(货币拥有量)有关。权力是社会分层的政治标准,可以根据是否拥有权力以及权力的大小将社会成员划分为不同的权力地位群体。声誉是社会分层的社会标准,声誉地位由人们所在的特定文化价值体系中的各种评价方式确定,其影响因素主要有出生门第、联姻关系、知识教养、气质风度等。利、权、名对人们来说都是稀缺资源,人们在各种社会活动领域中总

是逐利、争权、求名，由此形成三位一体的社会分层结构（黎民和张小山，2005）。

涂尔干的分层理论主要从社会分工的角度观察社会分层问题。他认为传统社会向现代社会的变迁，实质上是社会团结的方式由"机械团结"向"有机团结"的转型。机械团结通过强烈的集体意识将同质性的个体结合起来，而有机团结则是一种建立在社会成员异质性相互依赖基础上的社会联结纽带。有机团结是随着社会分工的发展而出现的，社会分工具有整合社会机体、维护社会统一的功能，它的存在是人类社会所必需的。在社会转型过程中，可能出现"社会失范"问题，因此需要进行社会整合，他认为职业群体可以完成这一任务，相互依存的职业群体将变成国家与个人之间的协调者，创造出有机团结（李强，2008）。

社会分层现象的出现往往伴随着贫富差距。由于贫困人口所处的条件，比如自然地理环境恶劣、社会经济发展水平缓慢、贫困人口自身能力素质低下等，使贫困人口在自身的发展过程中表现出更加贫困的趋势，即贫困人口的"马太效应"。美国科学社会学家罗伯特·莫顿最早用"马太效应"概括科学评价和奖励中的不平衡现象，即与那些不知名的科学家相比，声名显赫的科学家通常得到更多的声望（金炳华，2003）。此后，"马太效应"的概念被引入社会学、经济学等学科的研究领域，指一旦个体或群体在某个领域取得一定的优势，他们就更容易获得更多的机会和资源，而这种优势会逐渐累积。它反映了一种两极分化的社会现象，表现为富者更富、穷者更穷。

第 3 章　社会资本对老年人口相对贫困的影响机理分析

第一章对社会资本影响相对贫困的相关文献进行了综述，第二章介绍了社会资本理论、相对贫困理论和社会分层理论。为分析社会资本对中国老年人口相对贫困的影响，本章有必要厘清其影响机理。首先，系统总结我国老年贫困治理的经验，包括老年贫困治理面临的现实背景、老年贫困形式的转变以及老年贫困的治理历程三个方面的内容。然后，借鉴相关治理经验并结合老年人生活实践的主要特征介绍社会资本影响老年人口综合贫困和不同维度贫困的理论框架，以作为下文实证分析部分的理论依据。

3.1　中国老年贫困治理的经验总结

3.1.1　中国老年贫困治理的现实背景

2000 年，中国 65 岁及以上老年人口为 8821 万人，比重达到 7%，从此进入轻度老龄化社会。此后，我国经历了速度较快的人口老龄化进程。2021 年，我国 65 岁及以上老年人口数量超过 2 亿人，比重达到 14.2%，已经进入中度老龄化社会。我国 65 岁及以上老年人口比重从 7% 上升到 14% 仅用了 21 年，大大短于世界上大部分发达国家。图 3.1 为我国历年 65 岁及以上老年人口的规模和比重，可以看出我国老年人口规模之庞大，而且人口老龄化发展速度表现出不断加快的特征。根据预测：中方案下，

2033年，我国65岁及以上老年人口将达到3.05亿，占总人口的比重为21.89%，届时将进入重度老龄化社会；2035年，65岁及以上老年人口将达到3.29亿，占总人口的比重为23.72%；2050年，65岁及以上老年人口将达到4.03亿，占总人口的比重为30.71%（陈卫，2022）。可以预见，未来我国的人口老龄化形势将更加严峻。

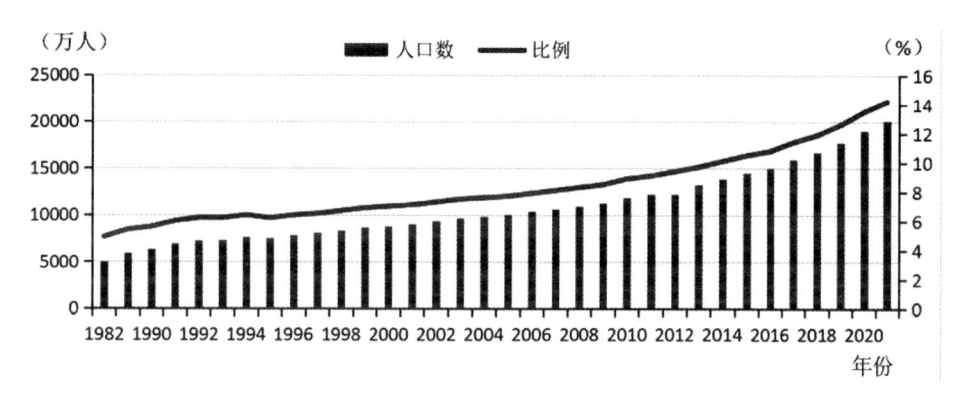

图 3.1 中国历年65岁及以上老年人口的规模和比重

资料来源：《中国统计年鉴2022》

此外，我国在快速进入人口老龄化的同时，也表现出快速高龄化的特征。2000年，第五次全国人口普查数据显示，我国80岁及以上高龄老年人口达1199万人，占总人口的比重为0.96%；2010年，第六次全国人口普查数据显示，高龄老年人口达到2099万人，占总人口的比重为1.57%；2020年，第七次全国人口普查数据显示，高龄老年人口高达3580万人，占总人口的比重为2.54%。2000—2010年间，高龄老年人口平均每年约增加90万人，年均提高0.06个百分点；2010—2020年间，高龄老年人口平均每年约增加148万人，年均提高0.10个百分点，这表明我国人口高龄化的速度也在逐渐加快。未来随着三次生育高峰的出生人口相继进入高龄期，我国人口年龄结构中的"高龄化"现象将更加突出。

图3.2显示了中国老年抚养比的发展状况，老年抚养比从1982年的8.0%上升到2021年的20.8%，提高了12.8个百分点。随着我国人口老龄

化的加速推进,以及劳动年龄人口的不断减少,我国老年抚养比表现为持续攀升,每个劳动人口平均抚养的老年人不断增加,给我国带来了沉重的养老压力,也使老年人的养老保障面临着巨大的挑战。

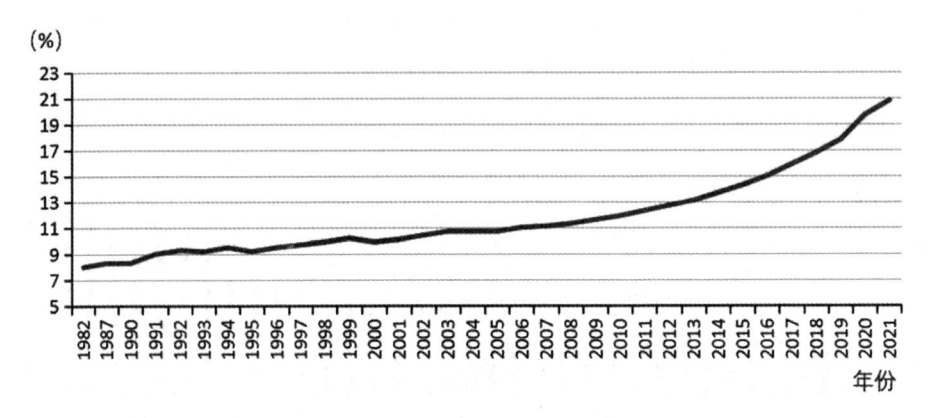

图 3.2 中国老年抚养比的发展状况

资料来源:《中国统计年鉴 2022》

3.1.2 中国老年贫困形式的转变

收入贫困是老年人面临的最主要的经济问题(邬沧萍和姜向群,2015)。我国贫困老年人由于收入来源单一、收入水平低下,曾长期处于绝对贫困之中。关于老年贫困人口的规模和老年贫困的发生率,不同的研究结果存在着较大差异。乔晓春等(2005)使用中国老龄科研中心 2000 年 12 月组织的"中国城乡老年人口状况一次性抽样调查"数据,经过加权处理后,结合 2000 年第五次全国人口普查分城乡的老年人口数量和比例,采用城市最低生活保障线作为城市绝对贫困的标准,城市最低生活保障线乘以 0.3 作为当地农村的绝对贫困标准,采用收入指标估算出 2000 年全国贫困老年人口总量为 2274.8 万人,占全国老年人口总数的 17.5%。王德文和张恺悌(2005)使用同样的数据,发现近 1.3 亿的老年人口中,参与劳动力市场活动的老年人在三分之一左右,采用主观指标估算出 2000 年全国老年贫困人

口数量为921万~1168万,老年贫困发生率为7.1%~9.0%。杨立雄(2011)使用民政部每月公布的最低生活保障数据,估算出2009年全国老年贫困人口总规模近1800万,老年贫困发生率超过10%。刘洋洋和孙鹍娟(2018)根据2014年中国老年社会追踪调查数据(CLASS)进行统计分析,发现我国老年贫困人口约占老年人口总数的24%,与之前的研究相比,老年贫困发生率明显上升,这与我国国家贫困线的提高有直接关系。以上研究表明,无论采用哪种统计指标或贫困标准,我国老年贫困人口的规模都很庞大,而且农村老年贫困人口的规模和老年贫困发生率都高于城市(山娜和姜向群,2018)。

2020年11月,现行标准下我国农村贫困人口全部脱贫,完成了消除绝对贫困的艰巨任务,脱贫攻坚战取得完全胜利。此后,我国贫困治理的主要目标任务转变为如何解决相对贫困问题。党的十九届四中全会提出了建立解决相对贫困的长效机制,使我国的脱贫帮扶政策得以连续,在我国反贫困的历程中具有里程碑式的意义。

老年人口作为社会中特殊的弱势群体,在我国养老机制尚不完善、各项养老政策尚不健全的背景下,其脆弱性返贫和冲击性致贫风险较高,相对贫困问题比较突出。导致老年人口相对贫困的主要原因包括家庭资产积累较少,收入差距较大且收入来源单一,医疗支出费用较高,空巢老人、独居老人、失能半失能老人数量增加,等等。杨菊华(2019)指出后小康社会中贫困的概念应该被赋予更宽泛的内涵,老年贫困的理论框架应当包含经济贫困、健康贫困、社会贫困和精神贫困四个领域,这四个领域之间的关系不是相互隔离,而是彼此关联的关系。其中,经济贫困是指老年人最基本的日常生活需求得不到满足,在衣、食、住、行等方面存在绝对意义或相对意义的匮乏;健康贫困是指老年人不良的生理健康状况、认知障碍及相应的照护需求得不到满足的一种窘困状态;社会贫困是指老年人不仅与社会的联系较弱或失去联系,而且失去或缺乏社会参与的机会;精神贫困是指老年人的心理难以得到慰藉且自我效能感、生活满意度和幸福感等

都处于较低的状态。赵周华和霍兆昕（2022）认为教育和社会保障也是老年贫困所涉及到的重要领域。这种基于多维相对贫困的理论框架，能够多方位地关切到"后减贫时代"老年人的发展利益，并反映出老年人口相对贫困的主要特征，已被众多的研究者所采用。

  总体来看，我国老年人口相对贫困的特征主要表现为以下三个方面。第一，差异性。老年人口的相对贫困首先表现出个体差异性。研究表明，女性、高龄老年人处于相对贫困的可能性更高（张文娟和付敏，2022；高月和王卓，2021）。老年人口的相对贫困其次表现出家庭差异性。在家庭结构逐渐小型化、核心化的影响下，空巢老年家庭、独居老年家庭增多，这些老年家庭受到的子女支持相对较少，而子女支持对于缓解老年人的相对贫困具有重要作用。老年人口的相对贫困最后也表现出社会差异性。我国城乡融合发展刚刚起步，老年人口的相对贫困依然表现出明显的城乡差异性；改革开放后我国区域发展差异逐渐拉大，老年人口的相对贫困也表现出显著的区域差异性；即使在城市之间或者发达地区内部，老年人口的相对贫困也表现出较为突出的区域差异性。第二，多维性。与绝对贫困治理聚焦于解决"两不愁三保障"（"两不愁"指不愁吃、不愁穿，"三保障"指保障义务教育、保障基本医疗和保障住房安全）的基本生存性需求不同，相对贫困治理旨在实现全体人民共同富裕的发展性需求。老年人口的相对贫困拓展了老年贫困概念的传统含义，是一种涵盖收入、物质、健康、精神等多个维度的"相对剥夺感"。老年人口的相对贫困是一个多维视角的概念，因此其相对贫困的测度也应该是多维视角的测度。第三，长期性。当前，我国依然处于并将长期处于社会主义初级阶段，存在着发展不平衡不充分的问题，始终有一些老年人口有着相对较低的收入水平、相对较低的生活质量、相对较差的健康状况、相对欠佳的精神状况，始终有一些地区属于相对欠发达地区。换言之，只要发展不平衡不充分的问题依然存在，老年人口相对贫困的问题也会长期持续（秦楼月，2022）。此外，老年人口相对贫困形成因素的复杂性与发展的动态性，也决定了老年人口相对贫困的长期性，决定了老年人口相对贫困治理的长期性与艰巨性。

3.1.3 中国老年贫困的治理历程

3.1.3.1 救济扶贫时期(1949—1978年)

从1949年中华人民共和国成立到1978年党的十一届三中全会召开的这段时期，是我国进行社会主义革命和社会主义建设的时期(罗平汉，2019)。我国通过了一系列的制度改革，扫除了制约生产力发展的障碍，为摆脱贫困提供了坚实的制度保障(蒋永穆和何媛，2022)。1955年，毛泽东(1977)在《关于农业合作化问题》的报告中首次提出了"共同富裕"的概念，并设想了对农业、手工业、资本主义工商业的社会主义改造。社会主义三大改造完成后，我国从新民主主义社会跨入了社会主义社会，初步建立起社会主义的基本制度。之后，我国在社会主义建设的道路上不断探索，并建立了在工业国有化所有制和农业集体化所有制基础之上的、集中统一的计划经济体制，以此来促进经济发展(郭强，2022)。解决贫困问题的微观政策主要包括建立在农业合作化基础上的集体公共福利制度、城市的救济制度和促进社会事业的发展。

这一时期，我国人口老龄化程度较低，老年贫困问题并不突出，但社会整体的贫困问题比较严重(汪连杰，2019)。由于经济发展水平较低且国家财力有限，难以实施大规模的扶贫运动，小规模的救济式扶贫成为主要手段。《1956年到1967年全国农业发展纲要》规定在农村实行五保供养制度，即保吃、保穿、保烧(燃料)、保教(儿童和少年)和保葬，作为一种救济制度，在相当长的历史时期内，为农村缺乏劳动能力和生活来源的老年人提供了最基本的生活保障。1958年通过的《关于人民公社若干问题的决议》表明，公社兴建了大量的敬老院等集体福利事业单位，满足了广大老年人的养老需求。1962年通过的《农村人民公社工作条例修正草案》指出有些地方可以对生活没有依靠的老、弱、孤、寡、残疾的社员实行供给或者给以补助(牛文涛等，2022)。

3.1.3.2 开发扶贫时期(1978—2012年)

1978年党的十一届三中全会的胜利召开标志着我国进入了改革开放和社会主义现代化建设时期。邓小平(1994)指出"贫穷不是社会主义,社会主义要消灭贫穷",并将实现共同富裕作为社会主义反贫困事业的核心目标。这一时期,反贫困的宏观政策是实行改革开放和建立并完善社会主义市场经济体制,微观政策主要是开展大规模的区域性扶贫开发活动。

1978年,按照当年确定的贫困标准,我国农村贫困人口为2.5亿人,贫困发生率为30.7%(国家统计局,2021)。为了继续解放和发展生产力,并摆脱贫困,早日走上富裕之路,我国实行了改革开放的政策。1980年,中央财政设立支援经济不发达地区发展资金。1982年,国务院决定启动对"三西"地区(甘肃定西地区、甘肃河西地区和宁夏西海固地区)的扶贫计划,开创了区域性扶贫开发的先河,为改革单纯救济式扶贫为开发式扶贫做出了成功的探索、积累了丰富的经验。1984年,中共中央、国务院颁发了《关于帮助贫困地区尽快改变面貌的通知》,要求要善于使用财政扶持,纠正单纯救济观点,集中力量解决连片贫困地区的贫困问题。1986年,国务院贫困地区经济开发领导小组成立,自此我国开始在全国范围实施有计划、有组织、大规模的扶贫开发,贫困老年群体的生活状况因此得到大幅改善。到1992年底,全国农村贫困人口减少到8000万人(1978年标准)。为了进一步解决农村贫困问题,缩小各地区之间的差距,1994年,国务院颁布了《国家八七扶贫攻坚计划(1994—2000年)》,对扶贫开发作出了宏观规划和设计,计划用7年左右的时间基本解决全国农村贫困人口的温饱问题,该计划的公布实施标志着我国的扶贫开发进入了攻坚阶段。1996年发布的《中华人民共和国老年人权益保障法》规定国家和社会应当采取措施,健全对老年人的社会保障制度,逐步改善保障老年人生活、健康以及参与社会发展的条件;政府应该根据经济发展水平逐步增加对老年福利事业的投入,兴办老年福利设施;老年人的各项合法权益应该得到保障。

进入21世纪后,我国开始由解决温饱为主向巩固温饱成果、加快脱贫致富转变,扶贫开发的战略重点由此发生变化。与此同时,我国已于2000年进入老龄化社会,老年贫困问题开始凸显。2000年,国务院发布的《中国农村扶贫开发纲要(2001—2010年)》指出,要集中力量加快贫困地区脱贫致富的进程,逐步改变贫困地区经济、社会、文化的落后状况,把我国扶贫开发事业推向一个新的阶段,为达到小康水平创造条件。2007年,国务院发布的《关于在全国建立农村最低生活保障制度的通知》指出,农村最低生活保障对象是家庭年人均纯收入低于当地最低生活保障标准的农村居民,包括因病残、年老体弱、丧失劳动能力以及生存条件恶劣等原因造成生活常年困难的农村老年人。2009年,国务院发布《关于开展新型农村社会养老保险试点的指导意见》,要求探索建立个人缴费、集体补助、政府补贴相结合的新农保制度,保障农村居民老年基本生活。2011年,中共中央、国务院印发的《中国农村扶贫开发纲要(2011—2020年)》将稳定实现扶贫对象"两不愁三保障"作为总体目标,并要求加快农村养老机构和服务设施建设,支持贫困地区建立健全养老服务体系,解决广大老年人养老问题。

3.1.3.3 精准扶贫时期(2012—2020年)

党的十八大以后,中国特色社会主义进入新时代,社会的主要矛盾也发生了变化。这一时期,我国面临的主要任务是实现第一个百年奋斗目标和全面建成小康社会。要全面建成小康社会,就要继续推进反贫困事业。这一阶段,反贫困的宏观政策包括贯彻创新、协调、绿色、开放、共享的新发展理念和构建高水平社会主义市场经济体制等一系列政策,微观政策主要是精准到户的贫困瞄准机制。我国通过为贫困户建档立卡,首次建立了针对贫困家庭的贫困人口瞄准机制,并建立了一整套全面完善的组织体系、动员体系、评估体系、考核督查体系。

随着我国扶贫事业的深入推进,"大水漫灌式扶贫"的问题日益凸显,如贫困人口识别不精准、资源配置出现错位等。为此,以习近平同志为核心的党中央提出了"精准扶贫"的治贫方略,治贫理念实现了从"大水漫灌"到"精准滴灌"的转变。2013年11月,习近平总书记提出了"精准扶贫"的概念，强调扶贫要实事求是、因地制宜，此后又多次强调"精准扶贫就是要将扶贫对象实行精细化管理"。2014年，中共中央办公厅、国务院办公厅印发《关于创新机制扎实推进农村扶贫开发工作的意见》，提出要建立精准扶贫工作机制，切实做到扶真贫、真扶贫。2015年，中共中央、国务院印发《关于打赢脱贫攻坚战的决定》，把精准扶贫、精准脱贫作为基本方略，要求健全精准扶贫工作机制，并吹响了全面打赢脱贫攻坚战的号角。2016年2月，国务院发布的《关于进一步健全特困人员救助供养制度的意见》将符合条件的城乡特困老年人纳入救助供养范围；同年10月，中共中央、国务院印发的《健康中国2030规划纲要》提出要促进健康老龄化，保障老年人健康。2017年6月，国务院办公厅印发《关于制定和实施老年人照顾服务项目的意见》，提出要重点关注高龄、失能、贫困、伤残、计划生育特殊家庭等困难老年人的特殊需求；同年12月，民政部会同公安部等9部门发布的《关于加强农村留守老年人关爱服务工作的意见》将经济困难家庭的高龄、失能留守老年人列为重点对象，从城市和农村两端发力逐步解决农村老年人留守问题。在这些政策实施之后，贫困老年人被更加精准地识别出来，老年贫困的治理也更具成效。

3.1.3.4　后精准扶贫时期（2020年至今）

我国在全面建成小康社会后，进入以相对贫困为主要形式的贫困阶段，经济贫困、物质贫困、健康贫困、精神贫困等多维贫困构成了老年人口的相对贫困。后精准扶贫时期，我国对老年贫困的治理从绝对贫困治理转向相对贫困治理，从单维贫困治理转变为多维贫困治理。

2020年8月，中共中央办公厅、国务院办公厅印发《关于改革完善社会救助制度的意见》，要求对无劳动能力、无生活来源、无法定赡养抚养扶养义务人或者其法定义务人无履行义务能力的城乡老年人，给予特困人员救助供养。2020年10月，《中共中央关于制定国民经济和社会发展第十四个五年规划和二〇三五年远景目标的建议》提出：全面推进健康中国建设，把保障人民健康放在优先发展的战略位置，为人民提供全方位全周期健康

服务；实施积极应对人口老龄化国家战略，积极开发老龄人力资源，发展银发经济，推动养老事业和养老产业协同发展。2020年11月，国务院办公厅印发《关于切实解决老年人运用智能技术困难实施方案的通知》，要求有效解决老年人在运用智能技术方面遇到的困难，让广大老年人更好地适应并融入智慧社会，建立解决老年人面临的"数字鸿沟"问题的长效机制，破除老年人的数字贫困。2021年，国务院办公厅《关于进一步做好困难群众基本生活保障有关工作的通知》，要求对经济困难的高龄、失能、独居（留守）老年人，加强基本生活保障；同年7月，中共中央、国务院印发《关于优化生育政策促进人口长期均衡发展的决定》，要求以"一老一小"为重点，建立健全覆盖全生命周期的人口服务体系；同年11月，中共中央、国务院发布《关于加强新时代老龄工作的意见》，要求健全养老服务体系，完善老年人健康支撑体系，促进老年人社会参与。2022年，国务院办公厅印发《"十四五"国民健康规划》，要求健全社会心理健康服务体系，提高精神卫生服务能力，加强抑郁症、焦虑障碍、睡眠障碍、老年痴呆等常见精神障碍和心理行为问题干预。

3.2 社会资本对老年人口相对贫困的影响路径

3.2.1 社会资本对老年人综合贫困的减贫效应

在国家和社会动员大量人力物力治理贫困的过程中，多元化的贫困治理模式促进了老年群体社会资本的发展。农村文化广场和社区活动中心等活动场所的兴建，使基层公共文化、娱乐、体育设施条件得到较大改善，为老年人搭建了活动平台，从而扩大了老年人的社会活动空间，丰富了社会参与的类型，提高了社会参与水平。由于我国对交通基础设施的大量投资，交通运输能力得以大幅提升，交通工具不断升级换代，远方游子归家

和父母投宿子女的时程明显缩短，老年人与非同住子女见面更加快捷，同时老人照料孙子女或子女照料老人也更加方便；在通信技术和互联网技术的快速发展下，老年人可以通过电话、电子邮件、社交软件等通讯工具，与家人、朋友和陌生人之间建立紧密的联系，并通过电视、媒体、网络等获得广泛的资讯；随着电子商务技术和电子支付技术的蓬勃发展，子女可以为老年人在网上购物并邮寄到老人家里，也可以通过微信、支付宝等电子钱包发送红包或进行转账，给予老年人实物或经济支持。随着养老服务体系和老年健康服务体系的不断健全，养老服务机构和老年健康服务机构逐渐下沉到基层，农村养老大院和社区养老机构使老年人能够就近享受助餐、助浴、生活照料等养老服务，村卫生所和社区卫生服务中心使老年人能就近享受上门巡诊、家庭病床、社区护理、健康管理等老年健康服务。随着多层次医疗保障体系的不断健全，老年人的医疗成本显著下降，看病难、看病贵的问题得到有效解决，因病致贫或因病返贫的风险大幅下降；随着多层次养老保障体系的不断健全，养老保险的覆盖面不断扩大，老年人的退休金（养老金）待遇持续提高，老年人的收入实现增加。总而言之，我国为了应对规模庞大的老年人口和快速发展的人口老龄化带来的一系列问题，相继出台了大量与老年人相关的政策，随着这些政策的落地实施，老年人可获得的资源来源、资源种类和资源总量不断增加。老年人的社会资本作为一种资源集合体，在个人、家庭、社区层次均实现了发展，并在社会关系网络的互动中实现积累与扩张，进而对老年贫困产生缓解作用。

社会资本具有资本的特性，对老年人的综合贫困有直接的缓解作用。社会资本被认为是一种相对可靠的、稳定的、非制度化和具有可持续性的社会关系网络，该网络资源可以被加以利用，且它往往嵌入在亲缘血缘关系、组织关系和邻居关系之中，并通过非制度化的网络关系和稳定化的行为模式给予老年人一定的保障（贺志武和胡伦，2018）。社会资本具有重要的减贫效应，它将传统主要局限于近邻和亲友等局部小范围内的守望相助发展成为一种社会性的人文关怀与支持，把老年贫困群体不甚紧密的社会网与更广泛的个人、家庭与社会组织联系起来，有效地促进了他们的社会融入，加强了与社会的联系，获得了更多的社会资源（刘敏，2013）。不平等和贫困是社会各个群体之间在利益分配过程中争夺有限资源的结果。社会资源的多少与社会地位的高低有着互相影响的关系：一个群体拥有的社会资源越多，社会地位通常越高；一个群体的社会地位越高，占有的社会资源也通常越多。各个群体在社会关系中所处的位置不同，那些社会地位较高的群体占据着较多的社会资源，为了达成行动目标使群体利益最大化，他们倾向于在群体内部分享资源，不愿被群体外的个体获得资源，这就使得缺乏资源的弱势群体无法获得资源，从而陷入贫困。在产生社会排斥的同时，扩大贫富差距，使富人凭借自己的资源变得更富，穷人缺少获得资源和变富的机会而变得越来越穷，造成了资源分配不平等的"马太效应"（周长城和陈云，2003）。

社会资本具有转换性的特点，它的功能之一便是可以较为容易地转换成其他形式的资本，比如经济资本。社会资本可以帮助商人获得商机，帮助失业人员获得工作机会，还可以帮助困难群体获得救济机会，这些机会最终或许都能给他们带来经济回报，从而形成经济资本。对于贫困老年人而言，社会资本可以帮助他们丰富收入来源、获得救济机会、提高自身经济收入。随着收入的增加，社会资本便成功地转换成为经济资本，经济资本基于其资本的属性对老年贫困也有直接的破解作用。

"勤劳节俭"是中华民族的传统美德，也是其鲜明特点。根据跨期消费选择理论，老年人在退休前辛勤劳动赚取财富，一部分用来满足日常的生活消费，剩下的部分储蓄起来为晚年的退休生活做准备，以保证整个生命周期消费曲线的平滑；在退休之后，老年人依靠之前的储蓄作为主要的生活来源，实现跨期消费的平滑。社会资本或许可以通过直接促进消费或转换成经济资本进而增加消费支出的渠道来缓解老年贫困。与经济资本一样，社会资本的增加也可以减少老年人的预防性储蓄，提高消费倾向和消费意愿（刘澜涛，2021），促进老年人消费，使老年人在消费时可以少些后顾之

忧，不再为了节省花销开支而经常黜衣缩食；消费支出的增加又能从多个方面缓解老年贫困，比如增加对物质生活资料的购买和加大对健康的投资。图3.3展现了社会资本对老年人综合贫困的不同影响路径。

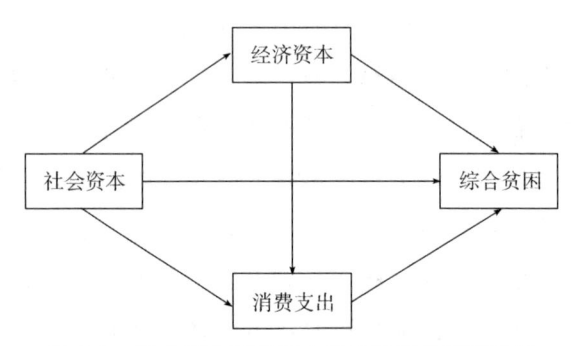

图 3.3　社会资本对老年人综合贫困的影响路径

上文分析了社会资本整体作为一个元素，对老年贫困具有缓解作用。接下来，从社会资本的不同构成要素具体来看：

社会网络作为一种重要的非正式制度，在缓解贫困方面发挥着积极作用（谭燕芝和张子豪，2017）。多项研究表明，社会网络主要通过积累人力资本、促进就业以及增加借贷来源等来缓解贫困（胡金焱，2015），具有提高穷人收入水平和缩小收入差距的作用（郭云南等，2014）。基于各种社会关系形成的社会网络，对于老年人的晚年生活具有不可替代的作用。家人、亲戚、朋友众多的老年人拥有更为广泛的社会网络，他们所能获得的经济支持、物质支持和情感支持也普遍更多。例如，丰富的社会网络有助于缓解老年人的悲观情绪，老年人在更好的社会交往环境中也会感知更少的孤独（王萍和李亚静，2023）；也能够帮助老年人及时与亲友沟通自己的身体状况，积极寻求健康帮助，从而更好地实现对疾病的"早发现、早诊断、早治疗"（陈馨等，2020）。

活动理论和连续性理论认为成功的老龄化在于老年人保持充分的活力和积极参与社会活动，这样他们就能体现出自己的社会价值，也会生活得更好（乔晓春等，2000）。活动理论认为社会活动是老年人社会生活的基础，

老年人的生活满足感通过积极参与社会活动得到满足，自尊与健康也在参与过程中得以增强(Havighurst，1961)。社会参与能够反映老年人融入社会的程度，通过参与各种社会活动，实现深度融入社会。一方面，老年人通过社会参与发挥自身拥有的信息优势和网络优势，增加获取资源的途径，丰富收入来源，改善物质生活状况；另一方面，老年人可以建立、维持和扩大社会网络，缓解退休之后社会角色发生转换造成的孤独、焦虑、抑郁等负面情绪，而且也有助于缓解身体健康、认知能力的不断衰弱，降低死亡风险(周云波等，2022)。

社会支持是与社会弱势群体的存在相伴随的一种社会行为，一般是指来自个人之外的各种援助和支持的总称(高灵芝，2004)。生活满意度通常反映了老年人对生活状态客观现实和主观感受的综合评价，社会支持对其生活满意度有着积极的影响(李建新，2007)。有研究表明，社会支持可以促使老年人经常进行身体活动，在亲朋好友和社区环境的支持下，老年人参与锻炼的频率更高(王富百慧和谭雁潇，2019；李文川，2014)；社会支持水平的提高也可以显著提升老年人心理健康水平(孙薇薇和石丹妮，2020)。良好的社会支持有助于弥补老年群体的情感缺失，有助于维持老年群体良好的情绪体验和心理平衡，帮助老年人获得并利用更丰富、更多元的物质或精神资源，使老年人更好地应对生理或心理上遇到的困难，最终影响老年群体生存质量(李英武等，2021)。

3.2.2 社会资本对老年人不同维度贫困的减贫效应

3.2.2.1 社会资本对老年人收入贫困的减贫效应

社会资本作为资本的一种形式，具有资本的收益性。所谓资本的收益性，是指资本能够实现自身增值并产生收入。社会资本是老年人巩固自身已有资源和防止资源损失的有效工具，也是老年人通过个人努力，或者从社会网络关系中继续获取经济资源和收益的主要手段之一，这对于缓解他们的收入贫困有所裨益。

社会资本或许可以增加老年人再就业机会，提高经济收入。我国政府和社会主动践行"积极老龄观"，积极营造老年就业友好型社会，努力为老年人创造良好的就业环境，其目的便是促进老年人再就业，开发老年人力资源，以释放"银发红利"（王甜等，2022）。例如，社会面向老年困难群体设置了大量公益性岗位；企事业单位提高了工作岗位的"适老化"程度并返聘技能娴熟、能力素质较高、管理经验丰富的退休老年人才；我国开始推行延迟退休政策，以应对日益严重的人口老龄化问题。社会资本作为资源的集合体，老年人能通过社会网络和社会支持获得各种捐助、救助和补助等收益。因此，社会资本可以丰富老年人的收入来源，提高其收入多样性，这主要包括来自养老金收入的增加、社会的捐助救助、政府的转移支付和各项补助措施，等等。社会资本在转化为经济资本后，老年人便可能有更多的钱从事投资理财活动，或者参加更多种类的保险，从而降低收入大幅下降的风险和陷入收入贫困的概率。老年人社会资本的缺乏，使其转换成为经济资本的来源减少，收入增加的可能性降低，以至于使老年人更容易陷入收入贫困之中。图3.4展现了社会资本对老年人收入贫困的不同影响路径。

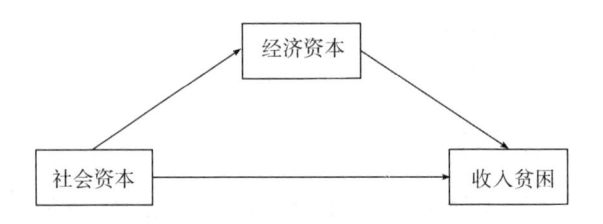

图 3.4 社会资本对老年人收入贫困的影响路径

3.2.2.2 社会资本对老年人物质贫困的减贫效应

社会资本也可以较为容易地转换成物质资本，即物质生活资料，丰富的物质生活资料能够有效缓解老年人的物质贫困。老年人不仅可以在个人积极地参与社会的过程中，通过有偿的劳动、志愿活动、互助行为等活动获取物质资源；而且老年人可以在家庭内部资源交换的过程中，接受家庭

成员无偿转移的物质资源，或者基于某种家庭共识或协议与家庭成员交换需要的物质资源；此外，随着社会公益事业和福利事业的大力发展，大量社会公益机构和社会各界爱心人士也会为生活陷入困境的贫困老年群体捐赠物资，以改善他们贫穷的生活。我国实施的"农村人居环境整治""老旧小区适老化改造""无障碍设施改造""厕所革命"等项目效果明显，显著改善了贫困老年人的物质生活条件，使老年人生活更加方便，提高了他们的生活质量。老年人的生活质量与老年人所能获得的社会资源有关，包括获得的家庭、邻里、社区、社会和国家的支持(韦璞，2007)。因而，拥有较高社会资本水平的老年人可能拥有更高的生活满意度(Nyqvist et al., 2013)。

老年人嵌入社会之中，基于结构复杂而又联系紧密的社会关系网络获取资源的过程中，社会资本能够影响其物质资本的积累过程(郑岩，2015)。老年人在退休之前积累丰厚的经济资本作为年老之后的养老储备，在退休之后主要基于养老储蓄或社会支持获取物质生活资料。对于老年人而言，社会资本可以直接转换成物质资本从而丰富物质生活资料；也可以先转换成经济资本，经济资本的丰富也可以增加物质资本；社会资本和经济资本也可能降低预防性储蓄，提高消费倾向和消费意愿，增加消费支出从而丰富物质资本。通过以上这些途径，社会资本也许能够发挥出对老年人物质贫困的减贫效应。图3.5展现了社会资本对老年人物质贫困的不同影响路径。

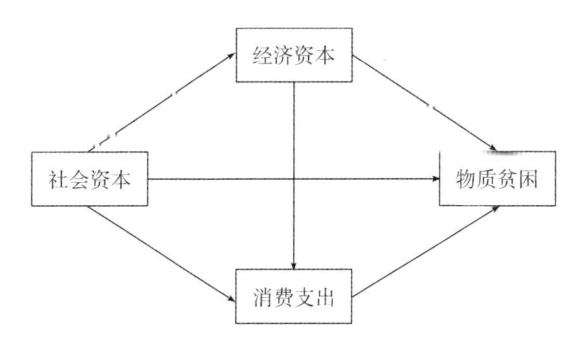

图 3.5 社会资本对老年人物质贫困的影响路径

3.2.2.3 社会资本对老年人健康贫困的减贫效应

(1)社会资本对老年人身体健康贫困的减贫效应

Grossman(1972)的健康生产理论表明,健康的产出受到多种因素的综合影响,其中就包括对社会资本的投资。社会资本对老年人的身体健康状况有保护效应,这种保护作用降低了老年人陷入身体健康贫困的可能性。

社会资本可以增进老年人对社会的信任,使他们参与到多元化的社会活动之中,老年人在参加各种活动的过程中,达到了强身健体的效果,延缓了身体生理机能的持续下降(李甲森和冯星淋,2017)。社会资本也是老年人获取信息资讯的一种渠道,老年人通过主动收集健康知识或被动接受健康教育,一方面可以提高健康意识和健康素养,养成健康的生活习惯(Zhou et al., 2022);另一方面端正对疾病的认识态度,了解疾病的防范措施和临床表现,降低自身罹患疾病的风险(肖夏等,2014)。如若不幸患病时,拥有较多社会资本的老年人通常能够到更大的、水平更高的医院享受到更加及时有效的诊断、治疗、康复、护理等医疗服务,并接受来自家人或护工等照料者的悉心照料,早日从疾病的痛苦中恢复过来。从宏观层次看,国家医疗卫生技术水平的不断提高帮助老年人看好病,老年健康服务体系的不断健全解决老年人看病难的问题,医疗保障体系的不断健全解决老年人看病贵的问题,在此影响下,老年人的身体健康水平实现提升,预期寿命得以不断延长。

(2)社会资本对老年人心理健康贫困的减贫效应

社会资本的积累也能改善老年人的心理健康状况,缓解他们的心理健康贫困。社会资本有延缓老年人认知能力衰弱的作用,良好的认知能力能降低心理困扰、减少烦恼,进而对老年人的心理健康产生某种积极影响(王奕,2022)。

社会资本能让老年人在他们与其他个体、家庭和社会的日常交往过程中,得到精神慰藉和情感支持。积极的社会参与有助于增进社会交往,丰富休闲娱乐活动,缓解紧张与压力,排除负面情绪,获取正能量,提升获

得感与满足感。和谐的家庭关系和紧密的社会网络，有助于增进老人与子女、亲戚和朋友之间的感情，排除孤独感和空虚感，改善心理健康状况。强有力的社区支持可以让老年人在社区内使用更多的公共设施，享受更好的公共服务，增加参与社区活动的机会，增进个体之间的互相了解与关怀支持，形成互帮互助、和谐友爱的良好氛围，从而促进心理健康（张文宏和张君安，2020）。总之，社会资本的构建与积累，有利于老年人维持稳定的人际关系，使老年人更乐意与他人交流，从中得到更多的情感支持，并积极参加社会活动，提高社交频率，拥有良好的生活心态（胡荣和黄倩雯，2019）。

总体来看，社会资本具有健康促进效应，既可以直接缓解老年人的身心健康贫困，也可以通过其他途径来缓解。社会资本可以转换成经济资本，经济资本的增加能够促进健康水平的提升；社会资本和经济资本也可能提高消费倾向和消费意愿，增加文化、娱乐等休闲活动的支出，使身体得到锻炼、心理得到放松，进而促进健康。通过以上这些途径，社会资本或许能够发挥出对老年人身心健康贫困的减贫效应。图 3.6 展现了社会资本对老年人健康贫困的不同影响路径。

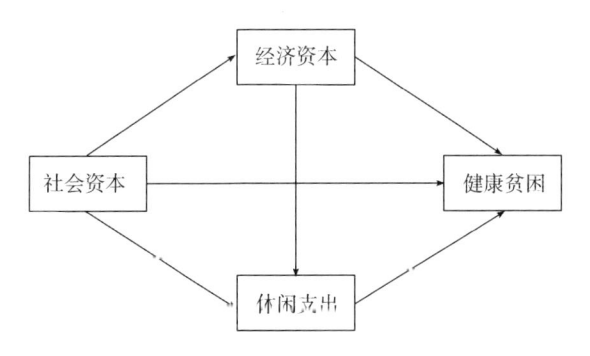

图 3.6 社会资本对老年人健康贫困的影响路径

3.3 本章小结

本章从我国对老年贫困的治理中总结经验，从一个比较新颖的治理视角出发，分析社会资本影响我国老年人口相对贫困的理论机制。

我国目前拥有规模庞大的老年人口，人口老龄化问题越来越严重，高龄化态势日益凸显，老年抚养比不断攀升。而且，我国空巢老年、独居老人、失能半失能老人数量不断壮大，老年贫困问题需要格外关注。全面建成小康社会之前，绝对贫困是老年贫困的主要表现形式。2020年11月，我国消除了绝对贫困，脱贫攻坚战取得了胜利，但这不意味着贫困的彻底消失。此后，相对贫困又成为老年贫困的主要表现形式，老年人口的相对贫困主要表现出差异性、多维性、长期性等特征。我国过去在"绝对贫困"阶段对老年贫困的治理先后使用了救济扶贫、开发扶贫、和精准扶贫手段，目前在"后精准扶贫时期"的"相对贫困"阶段主要是从多维视角出发解决多维的相对贫困。

在我国政府和社会多年来对贫困治理的过程中，多元化的贫困治理模式使老年群体的社会资本实现了积累与扩张，社会资本对老年贫困治理的重要性逐渐引起人们的重视。社会资本对老年人口的综合贫困具有明显的缓解效应，经济资本和消费支出在其中有着重要的作用。社会资本可以直接缓解老年人口的收入贫困，也可以通过转换成经济资本来缓解。社会资本可以缓解老年人口的物质贫困，经济资本和消费支出在其中也许起到中介作用，它们最终都转换成物质资本来获取物质生活资料。社会资本也可以促进老年人身心健康水平的提升，经济资本和休闲支出在其中或许起到中介作用，从而缓解老年人口的身心健康贫困。

第4章 中国老年人相对贫困的测度与分析

为了分析社会资本对中国老年人口相对贫困的影响,需要了解中国老年人口相对贫困的情况。本章使用2018年中国健康与养老追踪调查数据,选取收入、物质、健康3个维度13项指标构建老年人相对贫困的指标体系。首先,描述老年人各项指标的相对剥夺情况;接着,测度老年人个体的多维相对贫困程度;然后,使用"A-F双临界法"测度老年人整体的多维相对贫困指数,并按城乡、区域、年龄、指标进行分解;最后,通过设定具体的识别标准对老年人各个维度的相对贫困状况和相对贫困模式进行描述性分析。

4.1 老年人相对贫困指标体系的构建

4.1.1 维度与指标选取

4.1.1.1 收入维度

本书选取"经济收入"作为收入相对贫困的衡量指标,老年人的经济收入是过去一年就业收入和退休金(养老金)收入之和。李实等(2020)提出,在绝对贫困向相对贫困的转变时期,为使转变对扶贫政策的冲击较小,建议将相对贫困标准设定在较低比例,即中位数的40%。鉴于我国发展不平衡不充分的问题依然突出,本书借鉴相关研究,也将收入相对贫困的剥夺临界值设定为经济收入中位数的40%(王亚柯和夏会珍,2021)。

4.1.1.2 物质维度

物质维度由耐用消费品拥有状况和住房情况两个方面反映,具体包含10项二级指标。"是否拥有电冰箱(冰柜)""是否拥有洗衣机""是否拥有电视机""是否拥有电脑(平板)""是否拥有空调"这5项指标反映老年人的耐用消费品拥有状况,"做饭用的主要燃料是否为清洁能源""厕所是否能冲水""住房内是否有洗澡设施""住房是否带供暖设施""房子是否为钢筋混凝土或砖木结构"这5项指标反映老年人的住房情况。其中,"清洁能源"包括"管道天然气或煤气""沼气""液化石油气""电",而"非清洁能源"包括"煤炭、蜂窝煤""秸秆、柴火";"冲水式厕所"包括"蹲坑式"和"坐式";"洗澡设施"包括"统一供热水""家庭自装热水器";"非钢筋混凝土和非砖木结构"包括"土坯房/土房""木草屋/茅草屋""窑洞""蒙古包/毡房/帐篷""石头房"。对于每一项指标,本书根据"否=0、是=1"的方式进行赋值。若老年人某项指标的取值为0,则在该指标上处于相对剥夺状态。

4.1.1.3 健康维度

健康维度包含"身体健康"和"心理健康"2项二级指标。

(1)身体健康

本书通过日常生活活动能力(ADL)来反映老年人的身体健康程度,赋值方式为"能独立完成的项目数量",取值范围为0—6。ADL通过Katz量表测度,包括"穿衣服是否有困难""洗澡是否有困难""吃饭是否有困难""起床、下床是否有困难""上厕所是否有困难""控制大小便是否有困难"共6个问题(Katz et al.,1963)。本书将"没有困难""有困难但仍可以完成"合并为"能独立完成",将"有困难,需要帮助""无法完成"合并为"不能独立完成"。老年人能独立完成项目的数量越多,表示身体健康状况越好。若老年人至少有1项不能独立完成,即能独立完成的项目数量小于6,那么视其处于ADL缺损状态,即处于身体健康剥夺状态(刘瑞平和李建新,2022;李琴等,2022)。

(2)心理健康

本书通过抑郁程度来反映老年人的心理健康程度。CES-D 10抑郁量表是评估抑郁程度的一个非常重要的量表,并得到了广泛的应用。多项研究表明,CES-D 10 量表的可靠性和有效性不会随着项目的减少而降低(Lee & Chokkanathan,2008;Bjorgvinsson et al.,2013),而且 CES-D 10 量表具有较高的可靠性和良好的判别效度,可以有效测量中国中老年人的抑郁水平(黄庆波等,2015)。CES-D 10 抑郁量表,包括"我因一些小事而烦恼""我在做事时很难集中精力""我感到情绪低落""我觉得做任何事都很费劲""我对未来充满希望""我感到害怕""我的睡眠不好""我很愉快""我感到孤独""我觉得我无法继续我的生活"共 10 个问题。其中 8 个反映消极情绪的问题,依据"很少或者根本没有=0、不太多=1、有时或者说有一半的时间=2、大多数的时间=3"的方式进行赋值,"我对未来充满希望""我很愉快"这 2 个反映积极情绪的问题则按照相反的方向进行赋值,最后加总这 10 个问题的取值得到抑郁程度的评分。

为了保证心理健康指标的正向性,即取值越大时心理健康状况越好,本书将其赋值方式设定为"30-抑郁评分",取值范围为 0~30。抑郁评分越低,表示抑郁程度越轻,心理健康状况则越好。当老年人的抑郁评分大于或等于 10 时,一般表示存在抑郁症状(Andresen et al.,1994;夏艳玲和刘中华,2018)。也就是说,当老年人心理健康的取值小于 21 时,视其处于心理健康剥夺状态。

4.1.2 权重设定

本书借鉴联合国开发计划署(UNDP)和牛津大学牛津贫困与人类发展计划(OPHI)共同提出的多维贫困指数的赋权方法以及现有研究大多采用的方式(郭建宇和吴国宝,2012;高明等,2021),采用等维度和等指标权重法进行赋权,即收入、物质和健康维度的权重均为 1/3;经济收入指标的权重为 1/3,物质维度的各项指标的权重均为 1/30,健康维度的各项指标的权重均为 1/6。

4.2 老年人相对贫困的测度方法

4.2.1 数据统计

表 4.1 为老年人相对贫困的指标体系及其数据统计。老年人的平均经济收入为 10050.5300 元/年,但其中位数收入仅为 1080 元/年。电冰箱(冰柜)、洗衣机、电视机、电脑(平板)、空调、做饭主要燃料、冲水厕所、洗澡设施、供暖设施、住房建筑结构的平均值分别为 0.7300、0.6506、0.8371、0.1016、0.3442、0.6380、0.6035、0.5934、0.1503、0.8631。日常生活活动能力中(Katz 量表),老年人能独立完成的项目数量平均为 5.8705。老年人的抑郁评分(CES-D 10 抑郁量表)平均为 10.0559,心理健康得分平均为 19.9441。

表 4.1 老年人相对贫困的指标体系及其数据统计

维度	指标	相关问题	变量定义	剥夺临界值	权重	平均值	标准差	最小值	最大值
收入	经济收入	就业收入水平、退休金(养老金)收入水平	以上两项收入之和	中位数的 40%	1/3	10050.5300	21917.8100	0	600000
物质	电冰箱(冰柜)	是否拥有电冰箱(冰柜)	否=0、是=1	1	1/30	0.7300	0.4440	0	1
	洗衣机	是否拥有洗衣机	否=0、是=1	1	1/30	0.6506	0.4768	0	1
	电视机	是否拥有电视机	否=0、是=1	1	1/30	0.8371	0.3693	0	1

续表

维度	指标	相关问题	变量定义	剥夺临界值	权重	平均值	标准差	最小值	最大值
物质	电脑（平板）	是否拥有电脑（平板）	否=0、是=1	1	1/30	0.1016	0.3021	0	1
	空调	是否拥有空调	否=0、是=1	1	1/30	0.3442	0.4752	0	1
	做饭主要燃料	做饭用的主要燃料是否为清洁能源	否=0、是=1	1	1/30	0.6380	0.4806	0	1
	冲水厕所	厕所是否能冲水	否=0、是=1	1	1/30	0.6035	0.4892	0	1
	洗澡设施	住房内是否有洗澡设施	否=0、是=1	1	1/30	0.5934	0.4913	0	1
	供暖设施	住房是否带供暖设施	否=0、是=1	1	1/30	0.1503	0.3574	0	1
	住房建筑结构	房子是否为钢筋混凝土或砖木结构	否=0、是=1	1	1/30	0.8631	0.3438	0	1
健康	身体健康	日常生活活动能力（Katz量表）	能独立完成的项目数量	6	1/6	5.8705	0.5259	0	6
	心理健康	抑郁程度（CES-D 10 抑郁量表）	30－抑郁评分	21	1/6	19.9441	6.9234	0	30

数据来源：本书根据2018年CHARLS数据整理。

4.2.2 测度方法

Alkire & Foster(2011)提出的"A-F双临界值法"是目前发展最为成熟、应用最为广泛的测度多维相对贫困指数的方法。该方法设置两层临界值，第一层临界值是各个指标的相对剥夺临界值，衡量老年人每个指标的相对贫困状况；第二层临界值是多维相对剥夺临界值，用来判断老年人是否处于多维相对贫困状态。具体操作步骤如下：

4.2.2.1 单项指标相对剥夺的识别

假设样本观测值的 $n \times m$ 阶矩阵为：

$$Y = \begin{pmatrix} y_{11} & \cdots & y_{1m} \\ \vdots & \ddots & \vdots \\ y_{n1} & \cdots & y_{nm} \end{pmatrix} \quad (4.1)$$

其中，y_{ij} 表示第 i 个老年人在第 j 个指标上的取值，$i=1,2,\cdots,n$；$j=1,2,\cdots,m$。对于每一个指标，定义一个相对剥夺临界值 $z_j(z_j>0)$，即第 j 个指标的贫困线，各指标的相对剥夺临界值见表4.1。对于矩阵 Y，定义其相对剥夺矩阵为 $g_{ij}^0 = [g_{ij}^0]$：

$$g_{ij}^0 = \begin{cases} 1, & y_{ij} < z_j \\ 0, & y_{ij} \geq z_j \end{cases} \quad (4.2)$$

其中，$g_{ij}^0 = 1$ 表示第 i 个老年人在第 j 个指标上处于相对剥夺状态；反之，不处于相对剥夺状态。

4.2.2.2 多维相对贫困程度的计算

设定 W_j 为第 j 个指标的权重，且 $\sum_{j=1}^{m} W_j = 1$，各指标的权重见表4.1。根据相对剥夺矩阵和权重可以得到第 i 个老年人的被剥夺指标数，即多维相对贫困程度 MRP_{0i}：

$$MRP_{0i} = \sum_{j=1}^{m} W_j \times g_{ij}^0 \quad (4.3)$$

4.2.2.3 多维相对贫困指数的计算

上文的多维相对贫困程度反映的是老年人个体的贫困程度,为了了解老年人整体的贫困程度则需计算多维相对贫困指数,两者分别反映了"个体"与"整体"的贫困程度。参照已有的相关研究,定义多维相对贫困的剥夺临界值为 0.3(贾玮和黄春杰,2023;邓婷鹤等,2019),将 MRP_{0i} 与之比较,可得到指示函数 p_i:

$$p_i = \begin{cases} 1, & MRP_{0i} \geq 0.3 \\ 0, & MRP_{0i} < 0.3 \end{cases} \tag{4.4}$$

多维相对贫困的剥夺临界值(0.3)是老年人是否陷入多维相对贫困的分界线。当老年人的多维相对贫困程度大于等于 0.3 时,$p_i=1$ 表示第 i 个老年人处于多维相对贫困状态;反之,当老年人的多维相对贫困程度小于 0.3 时,$p_i=0$ 表示第 i 个老年人不处于多维相对贫困状态。

处于多维相对贫困状态的老年人总数 q:

$$q = \sum_{i=1}^{n} p_i \tag{4.5}$$

则多维相对贫困的发生率 H:

$$H = q/n \tag{4.6}$$

平均剥夺份额 A 表示多维相对贫困老年人的平均被剥夺指标数:

$$A = \sum_{i=1}^{n} \sum_{j=1}^{m} W_j \times g_{ij}^0 \times p_i / q \tag{4.7}$$

多维相对贫困指数 $MRPI$ 可表示为 H 和 A 的乘积,即:

$$MRPI = H \times A = \sum_{i=1}^{n} \sum_{j=1}^{m} W_j \times g_{ij}^0 \times p_i / n \tag{4.8}$$

4.2.2.4 多维相对贫困指数的分解

多维相对贫困指数可以按照城乡、地区、年龄、指标进行分解。

(1)城乡分解

令 u、r 分别代表城镇和农村,多维相对贫困指数的城乡分解为:

$$MRPI = \frac{n_u}{n} \times MRPI_u + \frac{n_r}{n} \times MRPI_r \tag{4.9}$$

则城乡的贡献率分别为：

$$s_\alpha = \frac{n_\alpha}{n} \times \frac{MRPI_\alpha}{MRPI} (\alpha = u, r) \quad (4.10)$$

（2）地区分解

令 w、c、e 分别代表西部、中部和东部地区，多维相对贫困指数的地区分解为：

$$MRPI = \frac{n_w}{n} \times MRPI_w + \frac{n_c}{n} \times MRPI_c + \frac{n_e}{n} \times MRPI_e \quad (4.11)$$

则各地区的贡献率分别为：

$$s_\beta = \frac{n_\beta}{n} \times \frac{MRPI_\beta}{MRPI} (\beta = w, c, e) \quad (4.12)$$

（3）年龄分解

令 l、m、h 分别代表低龄、中龄和高龄老年人，多维相对贫困指数的年龄分解为：

$$MRPI = \frac{n_l}{n} \times MRPI_l + \frac{n_m}{n} \times MRPI_m + \frac{n_h}{n} \times MRPI_h \quad (4.13)$$

则各年龄组的贡献率分别为：

$$s_\gamma = \frac{n_\gamma}{n} \times \frac{MRPI_\gamma}{MRPI} (\gamma = l, m, h) \quad (4.14)$$

（4）指标分解

第 j 个指标的贡献率为：

$$s_j = \frac{\frac{\sum_{i=1}^{n} W_j \times g_{ij}^0 \times p_i}{n}}{\frac{\sum_{i=1}^{n} \sum_{j=1}^{m} W_j \times g_{ij}^0 \times p_i}{n}} = \frac{\sum_{i=1}^{n} W_j \times g_{ij}^0 \times p_i}{\sum_{i=1}^{n} \sum_{j=1}^{m} W_j \times g_{ij}^0 \times p_i} \quad (4.15)$$

4.2.2.5 单维相对贫困状况的界定

收入相对贫困状况的界定：当老年人的经济收入低于中位数的40%时，本书就视其处于收入相对贫困状态。

物质相对贫困状况的界定：参照上文多维相对贫困的剥夺临界值（0.3），当老年人在物质维度的 10 个指标中有 3 个及以上指标处于相对剥夺状态时，就视其处于物质相对贫困状态。

健康相对贫困状况的界定：当老年人处于身体健康剥夺状态或者心理健康剥夺状态时，就视其处于健康相对贫困状态。

4.3　中国老年人相对贫困的描述性分析

4.3.1　中国老年人各项指标的相对剥夺情况

表 4.2 为老年人各项指标的相对剥夺情况。收入维度：经济收入指标的剥夺人数为 796 人，剥夺比例为 21.80%。物质维度：电冰箱（冰柜）指标的剥夺人数为 986 人，剥夺比例为 27.00%；洗衣机指标的剥夺人数为 1276 人，剥夺比例为 34.94%；电视机指标的剥夺人数为 595 人，剥夺比例为 16.29%；电脑（平板）指标的剥夺人数为 3281 人，剥夺比例为 89.84%；空调指标的剥夺人数为 2395 人，剥夺比例为 65.58%；做饭主要燃料指标的剥夺人数为 1322 人，剥夺比例为 36.20%；冲水厕所指标的剥夺人数为 1448 人，剥夺比例为 39.65%；洗澡设施指标的剥夺人数为 1485 人，剥夺比例为 40.66%；供暖设施指标的剥夺人数为 3103 人，剥夺比例为 84.97%；住房建筑结构指标的剥夺人数为 500 人，剥夺比例为 13.69%。剥夺比例最高的两项指标依次是电脑（平板）和供暖设施，均超过 80.00%；剥夺比例最低的两项指标依次是住房建筑结构和电视机，均不足 20.00%。健康维度：身体健康指标的剥夺人数为 316 人，剥夺比例为 8.65%，不足 10.00%；心理健康指标的剥夺人数为 1703 人，剥夺比例为 46.63%，将近一半，远远高于身体健康指标，可见我国老年人心理问题之严重。

表 4.2 老年人各项指标的相对剥夺情况(人、%)

维度	指标	剥夺人数	剥夺比例
收入	经济收入	796	21.80
物质	电冰箱(冰柜)	986	27.00
	洗衣机	1276	34.94
	电视机	595	16.29
	电脑(平板)	3281	89.84
	空调	2395	65.58
	做饭主要燃料	1322	36.20
	冲水厕所	1448	39.65
	洗澡设施	1485	40.66
	供暖设施	3103	84.97
	住房建筑结构	500	13.69
健康	身体健康	316	8.65
	心理健康	1703	46.63

数据来源:本书根据 2018 年 CHARLS 数据整理。

4.3.2 中国老年人多维相对贫困的描述性分析

4.3.2.1 中国老年人多维相对贫困程度的描述性分析

全国老年人的平均多维相对贫困程度为 0.3144。表 4.3 展示了不同特征下老年人的平均多维相对贫困程度。女性老年人的平均多维相对贫困程度为 0.3319,高于男性老年人(0.2949)。学历为小学及以下的老年人的平均多维相对贫困程度为 0.3431,高于学历为初中及以上的老年人(0.2297)。无配偶的老年人的平均多维相对贫困程度为 0.3521,高于有配偶的老年人(0.2976)。少数民族老年人的平均多维相对贫困程度为 0.3823,高于汉族老年人(0.3094)。未就业的老年人的平均多维相对贫困程度为 0.3234,高于在就业的老年人(0.2494)。没有医疗保险的老年人的

平均多维相对贫困程度为0.4304，高于有医疗保险的老年人(0.3107)。没有养老保险的老年人的平均多维相对贫困程度为0.5040，高于有养老保险的老年人(0.2944)。农村老年人的平均多维相对贫困程度为0.3657，高于城镇老年人(0.2397)。高龄老年人的平均多维相对贫困程度最高(0.3468)，中龄老年人次之(0.3144)，低龄老年人最低(0.3096)。西部地区老年人的平均多维相对贫困程度最高(0.3545)，中部地区老年人次之(0.3044)，东部地区老年人最低(0.2852)。

表4.3 不同特征下老年人的平均多维相对贫困程度

变量	平均值	变量	平均值
女性	0.3319	男性	0.2949
小学及以下	0.3431	初中及以上	0.2297
有配偶	0.2976	无配偶	0.3521
少数民族	0.3823	汉族	0.3094
未就业	0.3234	在就业	0.2494
没有医疗保险	0.4304	有医疗保险	0.3107
没有养老保险	0.5040	有养老保险	0.2944
农村	0.3657	城镇	0.2397
低龄(60~69岁)	0.3096	西部地区	0.3545
中龄(70~79岁)	0.3144	中部地区	0.3044
高龄(80岁及以上)	0.3468	东部地区	0.2852

注：参照《第四次全国经济普查公报》，本书根据各地的地理位置和经济发展水平将31个省级行政区(不包括港澳台地区)划分为西部地区、中部地区和东部地区。西部地区包括内蒙古、广西、重庆、四川、贵州、云南、西藏、陕西、甘肃、青海、宁夏、新疆，中部地区包括山西、吉林、黑龙江、安徽、江西、河南、湖北、湖南，东部地区包括北京、天津、河北、辽宁、上海、江苏、浙江、福建、山东、广东、海南；下同。数据来源：本书根据2018年CHARLS数据整理。

4.3.2.2 中国老年人多维相对贫困指数的描述性分析

经过计算，表4.4的结果显示：3652个被调查的老年人中，处于多维相对贫困状态的共有1795人，老年人的多维相对贫困发生率为49.15%，平均剥夺份额为0.4846，多维相对贫困指数为0.2382。

表4.4 全国老年人的多维相对贫困指数(人、%)

总人数	多维相对贫困人数	多维相对贫困发生率	平均剥夺份额	多维相对贫困指数
3652	1795	49.15	0.4846	0.2382

数据来源：本书根据2018年CHARLS数据整理。

(1) 多维相对贫困指数的城乡分解结果

表4.5为老年人多维相对贫困指数的城乡分解结果。城镇：多维相对贫困人数为485人，多维相对贫困发生率为32.62%，平均剥夺份额为0.4741，多维相对贫困指数为0.1546，贡献率为26.43%。农村：多维相对贫困人数为1310人，多维相对贫困发生率为60.51%，平均剥夺份额为0.4885，多维相对贫困指数为0.2956，贡献率为73.57%。城镇老年人的多维相对贫困发生率、多维相对贫困指数和贡献率都远远低于农村老年人，这主要是因为目前我国农村的社会经济发展水平较低且城乡的贫富差距较大。

我国城乡二元结构体制的基础是城乡分割的户籍制度，城乡分割的户籍制度又源于粮食统购统销政策。1958年1月颁布的《中华人民共和国户口登记条例》，明确将城乡居民区分为"农业户口"和"非农业户口"两种不同户籍(许经勇，2009)。城乡二元结构的长期存在，造成了城乡之间巨大的社会经济发展差异，也人为造成了城市居民与农村居民的社会阶层分化。改革开放以后，我国经历了前所未有的人口城市化进程，城乡互动联系持续增强，城市融合发展成效显著，城乡居民生活不断改善，但由于农村基础薄弱、历史欠账较多，现阶段我国城乡发展不平衡不协调的矛盾依然突

出(韩俊,2018)。党的二十大报告继续要求全面推进乡村振兴,坚持城乡融合发展,这是实现中国式现代化的内在要求,也是实现共同富裕的必然要求。

4.5 老年人多维相对贫困指数的城乡分解(人、%)

城乡类型	总人数	多维相对贫困人数	多维相对贫困发生率	平均剥夺份额	多维相对贫困指数	贡献率
城镇	1487	485	32.62	0.4741	0.1546	26.43
农村	2165	1310	60.51	0.4885	0.2956	73.57

数据来源:本书根据2018年CHARLS数据整理。

(2)多维相对贫困指数的地区分解结果

表4.6为老年人多维相对贫困指数的地区分解结果。东部地区:多维相对贫困人数为530人,多维相对贫困发生率为43.02%,平均剥夺份额为0.4798,多维相对贫困指数为0.2064,贡献率为29.23%。中部地区:多维相对贫困人数为567人,多维相对贫困发生率为46.51%,平均剥夺份额为0.4808,多维相对贫困指数为0.2237,贡献率为31.35%。西部地区:多维相对贫困人数为698人,多维相对贫困发生率为58.12%,平均剥夺份额为0.4913,多维相对贫困指数为0.2855,贡献率为39.42%。

可以看出,多维相对贫困发生率、多维相对贫困指数和贡献率都表现为西部地区最高、中部地区次之、东部地区最低,这与我国目前阶梯式的区域经济发展格局相一致,即"东部地区最发达、中部地区居次位、西部地区较落后"。按照本书对地区类型的划分,2018年,东部地区的国内生产总值(GDP)占全国的比重为54.7%,中部地区为24.6%,西部地区为20.7%;东部地区的人口总数占全国的比重为42.8%,中部地区为30.2%,西部地区为27.1%。2021年,东部地区的国内生产总值(GDP)占全国的比重为54.6%,中部地区为24.3%,西部地区为21.2%;东部地区的人口总数占全国的比重为43.1%,中部地区为29.7%,西部地区为

27.1%。可见,区域间的人口与 GDP 比例依然面临着失衡的问题。中国幅员辽阔,由于历史、地理位置和经济基础的不同,各地的经济发展水平也大不相同。改革开放以来,各地区的经济社会发展水平有了很大提高,人民生活水平也有了很大改善。但是,区域间发展不协调、发展差距大的问题没有得到根本改变(人民日报,2007)。

表 4.6 老年人多维相对贫困指数的地区分解(人、%)

地区	总人数	多维相对贫困人数	多维相对贫困发生率	平均剥夺份额	多维相对贫困指数	贡献率
东部地区	1232	530	43.02	0.4798	0.2064	29.23
中部地区	1219	567	46.51	0.4808	0.2237	31.35
西部地区	1201	698	58.12	0.4913	0.2855	39.42

数据来源:本书根据 2018 年 CHARLS 数据整理。

(3)多维相对贫困指数的年龄分解结果

表 4.7 为老年人多维相对贫困指数的年龄分解结果。低龄老年人:多维相对贫困人数为 1042 人,多维相对贫困发生率为 48.78%,平均剥夺份额为 0.4817,多维相对贫困指数为 0.2350,贡献率为 57.70%。中龄老年人:多维相对贫困人数为 596 人,多维相对贫困发生率为 49.79%,平均剥夺份额为 0.4752,多维相对贫困指数为 0.2366,贡献率为 32.56%。高龄老年人:多维相对贫困人数为 157 人,多维相对贫困发生率为 49.22%,平均剥夺份额为 0.5395,多维相对贫困指数为 0.2655,贡献率为 9.74%。

不同年龄组老年人的多维相对贫困发生率差异不大,均在 49% 左右。高龄老年人的平均剥夺份额最高,多维相对贫困指数最高,超过了 0.2600,相对贫困程度最深;但由于高龄老年人的比重非常低(仅为 8.73%),因此其贡献率最低,不足 10.00%。低龄老年人的多维相对贫困指数虽然最低,但由于其比重较高(达到 58.49%),因此其贡献率最高,达到 57.70%。随着年龄的增加,老年人的劳动能力和行动能力不断衰退,

劳动来源收入和生理机能也不断下降，各种疾病的显现使医疗成本增加，其他贫困问题也接踵而至，因而贫困程度也逐渐加重。

表 4.7　老年人多维相对贫困指数的年龄分解（人、%）

年龄组	总人数	多维相对贫困人数	多维相对贫困发生率	平均剥夺份额	多维相对贫困指数	贡献率
60～69 岁	2136	1042	48.78	0.4817	0.2350	57.70
70～79 岁	1197	596	49.79	0.4752	0.2366	32.56
80 岁及以上	319	157	49.22	0.5395	0.2655	9.74

数据来源：本书根据 2018 年 CHARLS 数据整理。

(4) 多维相对贫困指数的指标分解结果

表 4.8 为老年人多维相对贫困指数的指标分解结果。收入维度的贡献值为 0.0727，贡献率为 30.50%，贡献率最低；物质维度的贡献值为 0.0909，贡献率为 38.15%，贡献率最高；健康维度的贡献值为 0.0747，贡献率为 31.34%。

物质维度中，电冰箱（冰柜）指标的贡献值为 0.0063，贡献率为 2.63%；洗衣机指标的贡献值为 0.0077，贡献率为 3.25%；电视机指标的贡献值为 0.0038，贡献率为 1.58%；电脑（平板）指标的贡献值为 0.0157，贡献率为 6.59%；空调指标的贡献值为 0.0134，贡献率为 5.61%；做饭主要燃料指标的贡献值为 0.0081，贡献率为 3.42%；冲水厕所指标的贡献值为 0.0086，贡献率为 3.59%；洗澡设施指标的贡献值为 0.0090，贡献率为 3.77%；供暖设施指标的贡献值为 0.0150，贡献率为 6.31%；住房建筑结构指标的贡献值为 0.0033，贡献率为 1.38%。

贡献率最高的两项指标依次为电脑（平板）和供暖设施，均超过了 6.00%。据第 43 次《中国互联网络发展状况统计报告》，截至 2018 年 12 月，我国互联网普及率为 59.6%，而 60 岁及以上的老年网民约为 0.54 亿，老年人使用互联网的比例仅为 21.6%，差距较大（中国互联网络信息中心，

2019)。年龄是影响老年人使用电脑(平板)的重要因素之一,生理年龄以及与年龄相联系的身体和认知状态制约着老年人的学习新生事物的能力与上手操作的能力,老年人难以享受信息社会带来的便利,数字鸿沟已经成为影响老年人生活的一个重要问题,需要我们加以重视(于潇和刘澍,2021)。我国南北方以秦岭－淮河线为明显的地理分界线,受地理条件以及气流的影响,我国南北方之间存在着明显的气候差异,南方冬季温和,而北方冬季寒冷。20世纪50年代,国家有关部门综合考虑当时的经济、能源和气候状况制定了供暖规范,规定寒冷的北方地区要实施集中供暖,南方地区则为非采暖区,因此秦岭－淮河线也成为了实际上的供暖分界线。直到现在,这一规定仍然没有改变(余嘉熙,2010)。在北方的很多农村地区,由于生活水平和基础设施建设的落后,很多家庭也没有供暖设施。基于以上原因,电脑(平板)和供暖设施对老年人多维相对贫困的贡献率最高。

贡献率最低的两项指标依次为住房建筑结构和电视机,均不足2.00%。我国在精准扶贫阶段提出了"两不愁三保障"的目标,住房安全是其中的一项基本内容。经过持续多年的农村贫困地区"危房改造",实现了对危房的重建升级,居民的住房质量得到了大幅提升。始于2008年的家电下乡政策,抓住了农村家电普及的有利时机,为农村居民提供了性能可靠、质量保证、物美价廉的家电产品,激活了农村居民的购买能力,调动了购买的积极性,减少了家电使用成本,提高了家电使用水平,改善了农民生活水平,缩小了城乡发展差距(财政部,2008)。此外,随着收入的不断提高,居民常常把改善住房条件作为头等大事,住房条件改善之后紧接着便是常用家电的采购。综上所述,住房建筑结构和家电产品(尤其是电视机)对老年人多维相对贫困的贡献率最低。

健康维度中,身体健康指标的贡献值为0.0134,贡献率为5.63%,这说明大部分老年人的日常生活活动能力不成问题。心理健康指标的贡献值为0.0612,贡献率为25.71%,约为身体健康指标的4.5倍,可见老年人的心理健康问题不容小觑。

表 4.8 老年人多维相对贫困指数的指标分解(%)

维度	指标	贡献值		贡献率	
收入	经济收入	0.0727		30.50	
物质	电冰箱(冰柜)	0.0063	0.0909	2.63	38.15
	洗衣机	0.0077		3.25	
	电视机	0.0038		1.58	
	电脑(平板)	0.0157		6.59	
	空调	0.0134		5.61	
	做饭主要燃料	0.0081		3.42	
	冲水厕所	0.0086		3.59	
	洗澡设施	0.0090		3.77	
	供暖设施	0.0150		6.31	
	住房建筑结构	0.0033		1.38	
健康	身体健康	0.0134	0.0747	5.63	31.34
	心理健康	0.0612		25.71	

数据来源：本书根据 2018 年 CHARLS 数据整理。

4.3.3 中国老年人单维相对贫困状况的描述性分析

依据上文对不同维度相对贫困状况的界定标准，表 4.9 的结果显示：陷入收入相对贫困的老年人有 796 人，收入相对贫困的发生率为 21.80%，贫困发生率最低；陷入物质相对贫困的老年人有 2764 人，物质相对贫困的发生率为 75.68%，贫困发生率最高；陷入健康相对贫困的老年人有 1797 人，健康相对贫困的发生率为 49.21%。可见，物质相对贫困和健康相对贫困已成为贫困的主要类型。

表 4.9　老年人的单维相对贫困状况(人、%)

维度	贫困人数	贫困发生率
收入相对贫困	796	21.80
物质相对贫困	2764	75.68
健康相对贫困	1797	49.21

数据来源：本书根据 2018 年 CHARLS 数据整理。

依据老年人的单维相对贫困状况也可以进一步了解他们的相对贫困模式。表 4.10 的结果显示：在每个维度都不存在贫困的老年人有 511 人，比例为 13.99%；只在 1 个维度上存在相对贫困的老年人共有 1312 人，贫困比例为 35.93%；在 2 个维度上存在相对贫困的老年人共有 1442 人，贫困比例为 39.49%，比例最高；在 3 个维度上都存在相对贫困的老年人，即收入－物质－健康贫困型的老年人有 387 人，贫困比例为 10.60%，比例最低。

其中：一维贫困中，收入贫困型的老年人有 67 人，贫困比例为 1.83%；物质贫困型的老年人有 990 人，贫困比例为 27.11%；健康贫困型的老年人有 255 人，贫困比例为 6.98%。二维贫困中，收入－物质贫困型的老年人有 287 人，贫困比例为 7.86%；收入－健康贫困型的老年人有 55 人，贫困比例为 1.51%，比例在所有贫困模式中最低；物质－健康贫困型的老年人有 1100 人，贫困比例为 30.12%，比例在所有贫困模式中最高。

表 4.10　老年人的相对贫困模式(人、%)

存在贫困的维度数量	贫困模式	人数		比例	
0	完全不贫困	511		13.99	
1	收入贫困型	67	1312	1.83	35.93
	物质贫困型	990		27.11	
	健康贫困型	255		6.98	

续 表

存在贫困的维度数量	贫困模式	人数		比例	
2	收入－物质贫困型	287	1442	7.86	39.49
	收入－健康贫困型	55		1.51	
	物质－健康贫困型	1100		30.12	
3	收入－物质－健康贫困型	387		10.60	

数据来源：本书根据2018年CHARLS数据整理。

4.4 本章小结

本章从收入、物质和健康3个维度构建老年人的相对贫困指标体系，并通过等维度和等指标权重法确定了权重。选取"经济收入"作为收入相对贫困的衡量指标，经济收入为就业收入和退休金（养老金）收入之和，该指标的权重为1/3。物质维度由耐用消费品拥有状况和住房情况两个方面反映，包含"是否拥有电冰箱（冰柜）""是否拥有洗衣机""是否拥有电视机""是否拥有电脑（平板）""是否拥有空调""做饭用的主要燃料是否为清洁能源""厕所是否能冲水""住房内是否有洗澡设施""住房是否带供暖设施""房子是否为钢筋混凝土或砖木结构"共10项指标，每个指标的权重为1/30。健康维度包含"身体健康"和"心理健康"2项指标，身体健康通过日常生活活动能力（ADL量表）反映，心理健康通过抑郁程度（CES-D 10量表）反映，每个指标的权重为1/6。

首先，分析了老年人各项指标的相对剥夺情况。收入维度中，经济收入指标的剥夺比例为21.80%。物质维度中，剥夺比例最高的两项指标依次是电脑（平板）和供暖设施，均超过了80.00%；剥夺比例最低的两项指标依次是住房建筑结构和电视机，均不足20.00%。健康维度中，身体健康指标的剥夺比例为8.65%，心理健康指标的剥夺比例为46.63%。

接着，分析了不同特征下老年人的平均多维相对贫困程度。全国老年人的多维相对贫困程度平均为 0.3144。女性、学历为小学及以下、无配偶、少数民族、未就业、没有医疗保险、没有养老保险、农村、高龄、西部地区老年人的平均多维相对贫困程度相对较高。

然后，分析了老年人整体的多维相对贫困指数。全国老年人的多维相对贫困发生率为 49.15%，平均剥夺份额为 0.4846，多维相对贫困指数为 0.2382。之后，对老年人的多维相对贫困指数进行了城乡分解、地区分解、年龄分解、指标分解。城镇老年人的多维相对贫困发生率、多维相对贫困指数和贡献率都远远低于农村老年人，这主要是受我国目前城乡贫富差距较大的影响。多维相对贫困发生率、多维相对贫困指数和贡献率都表现为西部地区最高、中部地区次之、东部地区最低，这与我国目前阶梯式的区域经济发展格局相一致。不同年龄组老年人的多维相对贫困发生率差异不大；高龄老年人的多维相对贫困指数虽然最高，但贡献率最低；低龄老年人的多维相对贫困指数虽然最低，但贡献率最高。贡献率最高的两项指标依次为电脑（平板）和供暖设施；贡献率最低的两项指标依次为住房建筑结构和电视机；收入维度的贡献率为 30.50%，物质维度的贡献率为 38.15%，健康维度的贡献率为 31.34%。

最后，分析了老年人不同维度的相对贫困状况和贫困模式。收入相对贫困的发生率为 21.80%，物质相对贫困的发生率为 75.68%，健康相对贫困的发生率为 49.21%，物质相对贫困和健康相对贫困已经成为贫困的主要类型。在所有的贫困模式中，收入－健康贫困型的贫困比例为 1.51%，比例最低；物质－健康贫困型的贫困比例为 30.12%，比例最高。

第5章 社会资本对中国老年人多维相对贫困程度的影响

第三章详细阐述了社会资本对老年人综合贫困的影响机理,第四章对老年人口的多维相对贫困程度进行了测度与分析。本章从综合贫困的视角出发,以包含社会网络、社会参与、社会支持的结构型社会资本为研究主题,分析社会资本对中国老年人多维相对贫困程度的影响、异质性及其影响机制。

5.1 模型构建

5.1.1 变量选取

5.1.1.1 被解释变量

本章的被解释变量为老年人的多维相对贫困程度。在进行稳健性检验时,将其替换为多维相对贫困深度和多维相对贫困强度。

老年人各项指标的剥夺矩阵 g_{ij}^0 进一步可以由规范化差异剥夺矩阵 g_{ij}^1 进行弥补,定义 $g_{ij}^1 = [g_{ij}^1]$:

$$g_{ij}^1 = g_{ij}^0 \frac{Z_j - y_{ij}}{Z_j} \tag{5.1}$$

g_{ij}^1 表示第 i 个老年人在第 j 个指标上与剥夺临界值的贫困差距。

更一般地,对于任意的 α,可定义矩阵 $g_{ij}^\alpha = [g_{ij}^\alpha]$:

$$g_{ij}^{\alpha} = g_{ij}^{0}\left(\frac{Z_j - y_{ij}}{Z_j}\right)^{\alpha} \tag{5.2}$$

第四章中考虑了 $\alpha=0$ 的情形，此时 $MRP_{0i} = \sum_{j=1}^{m} W_j \times g_{ij}^{0}$，表示第 i 个老年人的多维相对贫困程度，衡量老年人被剥夺的指标数。在稳健性检验部分考虑 $\alpha=1, 2$ 的情形：当 $\alpha=1$ 时，$MRP_{1i} = \sum_{j=1}^{m} W_j \times g_{ij}^{1}$，表示第 i 个老年人的多维相对贫困深度，衡量多维相对贫困老年人的福利缺失程度；当 $\alpha=2$ 时，$MRP_{2i} = \sum_{j=1}^{m} W_j \times g_{ij}^{2}$，表示第 i 个老年人的多维相对贫困强度，衡量多维相对贫困老年人口内部福利不平等程度，该指数相当于对那些更贫困的老年人赋予更高的权重。

5.1.1.2 核心解释变量

本书主要关注老年人的结构型社会资本，包含社会网络、社会参与、社会支持三个构成要素。在分析社会资本各要素对老年人多维相对贫困程度的影响时，核心解释变量为社会网络、社会参与、社会支持。之后，在分析社会资本对老年人多维相对贫困程度的影响时，核心解释变量为社会资本指数。

社会网络可以是一种资源的社会性建构，即通过共同的利益或共同的兴趣联系在一起，也可以自然地形成。社会网络是社会资本的载体，个人嵌入到社会网络中，其中的资源便可成为自我的社会资本。社会网络可以划分为人际关系网络、社区/邻里网络和社团网络等，也可以依据其属性特征划分为正式网络和非正式网络。受所使用调查数据以及指标选择的限制，问卷中没有反映人际关系网络和社区/邻里网络的相关问题，所以本书主要考察社团网络，以此作为社会网络的代理变量。本书中社会网络包括"有没有宗教信仰""是不是共产党员"2个指标，分别按照"没有＝0、有＝1""否＝0、是＝1"的方式赋值，对上述各个问题的取值进行加总，得到老年人的社会网络水平。选择宗教信仰作为一个测量条目，主要是因为宗教信仰能

够满足人们自身的精神需求,具有超出任何地缘、业缘、血缘边界的吸引力,能将有共同精神需求的来自不同地方的人们聚在一起(林瑜胜,2018);在各种宗教活动中,宗教组织能起到沟通人情、联结资源的作用,李静和高晓彩(2020)也以宗教信仰作为衡量社会网络的一个指标。选择政党组织作为一个测量条目的原因在于中国共产党的基层组织是重要的社会动员力量,具有规模庞大、组织成员联系紧密的特点,而且经常开展各种组织活动,具有很强的活力,成员参与率较高,殷戈等(2020)和王新杰(2020)也以是否为党员作为社会网络的衡量指标。宗教组织和政党组织共同构成了人们生活中非常重要的两个方面,这也是本书选择这两个测量条目反映老年人社会网络的原因。

社会参与是老年人获取资源的重要途径之一。老年人通过社会劳动和社会活动的形式,实现社会互动,达到获取资源和实现自身价值的目的(王莉莉,2011)。本书以老年人参加的各种社会活动的数量作为社会参与的代理变量。"社会参与"包括"串门、跟朋友交往""打麻将、下棋、打牌、去社区活动室""向不住在一起的亲人、朋友或者邻居提供帮助""跳舞、健身、练气功等""参加社团组织活动""志愿者活动或者慈善活动""照顾不住在一起的病人或残疾人""上学或者参加培训课程""炒股(基金及其他金融证券)""上网"共 10 个问题。对于每一个问题,按照"不参加=0、参加=1"的方式进行赋值,对上述各个问题的取值进行加总,得到老年人的社会参与水平。

社会支持反映了老年人所能获取到的实际资源。社会支持包括正式的社会支持与非正式的社会支持。本书以老年人享受的居家和社区养老服务的数量,作为社会支持的代理变量,主要关注准正式的社会支持。"社会支持"包括"日间照料中心、托老所、老年餐桌等养老服务""定期体检""上门巡诊""家庭病床""社区护理""健康管理""娱乐活动"共 7 个问题,这些问题能够反映老年人获得的社会支持水平。对于每一个问题,按照"不享受=0、享受=1"的方式进行赋值,对上述各个问题的取值进行加总,得到老年人的社会支持水平。

本书使用熵权法这种客观赋权法对社会网络、社会参与、社会支持三个指标首先进行客观赋权，然后加权求和得到老年人的社会资本指数。熵权法的操作步骤如下：

原始数据的标准化处理：

对于正向指标：

$$X'_{ij} = \frac{X_{ij} - \min(X_{ij})}{\max(X_{ij}) - \min(X_{ij})} \tag{5.3}$$

对于负向指标：

$$X'_{ij} = \frac{\max(X_{ij}) - X_{ij}}{\max(X_{ij}) - \min(X_{ij})} \tag{5.4}$$

其中，$i=1, 2, 3\cdots, n$，表示共有 n 个调查对象；$j=1, 2, 3\cdots, m$，表示共有 m 个评价指标。本书所选的指标皆为正向指标。

指标权重的确定：

计算第 j 个评价指标中，第 i 个调查对象所占的比重 P_{ij}：

$$P_{ij} = \frac{X'_{ij}}{\sum_{i=1}^{n} X'_{ij}} \tag{5.5}$$

计算第 j 个评价指标的熵值 E_j：

$$E_j = -\frac{1}{\ln(n)} \sum_{i=1}^{n} P_{ij} \ln(P_{ij}) \tag{5.6}$$

计算第 j 个评价指标的权重 w_j：

$$w_j = \frac{1 - E_j}{\sum_{j=1}^{m}(1 - E_j)} \tag{5.7}$$

社会资本指数的计算：

对各指标进行加权求和得到：

$$SC_i = \sum_{j=1}^{m} w_j X'_{ij} \tag{5.8}$$

经过计算，社会资本各要素的权重和各指标的数据统计见表 5.1。社

会网络的权重为 0.369，社会参与的权重为 0.213，社会支持的权重为 0.418。那么，社会资本指数 = 0.369 × 社会网络 + 0.213 × 社会参与 + 0.418 × 社会支持。社会网络中，有宗教信仰的老年人占 11.75%，是共产党员的老年人占 12.10%。社会参与中，串门、跟朋友交往的老年人占 32.31%，打麻将、下棋、打牌、去社区活动室的老年人占 17.20%，向不住在一起的亲人、朋友或者邻居提供帮助的老年人占 9.56%；跳舞、健身、练气功等的老年人占 5.50%，参加社团组织活动的老年人占 2.49%，参加志愿者活动或者慈善活动的老年人占 1.34%，照顾不住在一起的病人或残疾人的老年人占 1.92%，上学或者参加培训课程的老年人占 0.25%，炒股（基金及其他金融证券）的老年人占 0.36%，上网的老年人占 6.35%，老年人参与各种活动的比例较低。社会支持中，享受日间照料中心、托老所、老年餐桌等养老服务的老年人占 0.41%，享受定期体检服务的老年人占 17.69%，享受上门巡诊服务的老年人占 3.56%，享受家庭病床服务的老年人占 0.11%，享受社区护理服务的老年人占 0.49%，享受健康管理服务的老年人占 1.67%，享受娱乐活动服务的老年人占 2.41%，老年人享受各种服务的比例也较低。

表 5.1　社会资本的指标体系及其数据统计

要素	权重	指标	变量定义	平均值	标准差	最小值	最大值
社会网络	0.369	宗教信仰	没有=0、有=1	0.1175	0.3220	0	1
		共产党员	否=0、是=1	0.1210	0.3262	0	1
社会参与	0.213	串门、跟朋友交往	不参加=0、参加=1	0.3231	0.4077	0	1
		打麻将、下棋、打牌、去社区活动室	不参加=0、参加=1	0.1720	0.3774	0	1
		向不住在一起的亲人、朋友或者邻居提供帮助	不参加=0、参加=1	0.0956	0.2940	0	1

续 表

要素	权重	指标	变量定义	平均值	标准差	最小值	最大值
社会参与	0.213	跳舞、健身、练气功等	不参加＝0、参加＝1	0.0550	0.2281	0	1
		参加社团组织活动	不参加＝0、参加＝1	0.0249	0.1559	0	1
		志愿者活动或者慈善活动	不参加＝0、参加＝1	0.0134	0.1151	0	1
		照顾不住在一起的病人或残疾人	不参加＝0、参加＝1	0.0192	0.1371	0	1
		上学或者参加培训课程	不参加＝0、参加＝1	0.0025	0.0496	0	1
		炒股（基金及其他金融证券）	不参加＝0、参加＝1	0.0036	0.0596	0	1
		上网	不参加＝0、参加＝1	0.0635	0.2439	0	1
社会支持	0.418	日间照料中心、托老所、老年餐桌等养老服务	不享受＝0、享受＝1	0.0041	0.0640	0	1
		定期体检	不享受＝0、享受＝1	0.1769	0.3816	0	1
		上门巡诊	不享受＝0、享受＝1	0.0356	0.1853	0	1
		家庭病床	不享受＝0、享受＝1	0.0011	0.0331	0	1
		社区护理	不享受＝0、享受＝1	0.0049	0.0700	0	1
		健康管理	不享受＝0、享受＝1	0.0167	0.1282	0	1
		娱乐活动	不享受＝0、享受＝1	0.0241	0.1534	0	1

数据来源：本书根据 2018 年 CHARLS 数据整理。

5.1.1.3 控制变量

控制变量包括性别、年龄、受教育程度、婚姻状况、民族、就业状况、医疗保险、养老保险、同住家庭成员数量、健在父母数量、健在孩子数量、城乡类型、地区类型。

关于性别，本书将"女"赋值为"0"，将"男"赋值为"1"。关于受教育程度，由于样本中大部分老年人的受教育程度较低，本书将"小学及以下"赋值为

"0",包括"未受过教育(文盲)""未读完小学""私塾毕业""小学毕业";将"初中及以上"赋值为"1",包括"初中毕业""高中毕业""中专(包括中等师范、职高)毕业""大专毕业""本科毕业""硕士毕业""博士毕业"。关于婚姻状况,本书将"有配偶"赋值为"0",包括"已婚与配偶一同居住""已婚,但因为工作等原因暂时没有跟配偶在一起居住""分居";将"无配偶"赋值为"1",包括"离异""丧偶""从未结婚"。关于民族,本书将"少数民族"赋值为"0",将"汉族"赋值为"1"。关于就业状况,本书将"未就业"赋值为"0",将"在就业"赋值为"1",其中"在就业"包含"从事农业工作"和"从事非农工作"。关于医疗保险,如果老年人有任意一种医疗保险,则视为"有",赋值为"1";否则视为"没有",赋值为"0"。关于养老保险,如果老年人有任意一种养老保险,则视为"有",赋值为"1";否则视为"没有",赋值为"0"。关于健在父母数量,包括老年人及其配偶的亲生父母和养父母。关于健在孩子数量,包括亲生子女、继子女和养子女。关于城乡类型,本书依据调查数据中的社区编码(communityID)匹配到2013年子数据集PSU中的城乡类型(urban_nbs),将其划分为"城镇"和"农村",分别赋值为"1"和"0"。关于地区类型,本书根据各省(自治区、直辖市)的地理位置和经济发展水平,将其划分为"东部地区""中部地区""西部地区",都依据"否=0、是=1"的方式进行赋值。

5.1.1.4 工具变量

已有研究多从"正式组织参与""参加祭祖扫墓(赵羚雅,2019)""参加选举(车四方等,2019)""村庄信任平均水平(尹俊等,2023)"等作为社会资本的工具变量,但本书使用的数据并无这些变量,且本书的核心解释变量为结构型社会资本,因此这些工具变量并不适用。现有文献表明,社区(村庄)级指标作为单个指标的工具变量的合理性(刘自敏等,2020;齐良书,2011)。韦倩和徐榕(2021)将样本所在区(县)(除自己外)的解释变量的平均值作为工具变量。本书选取社会资本的社区平均值(除自己外)作为社会资本指数的工具变量。老年人日常生活活动的主要场所之一便是社区,老年人的社会参与和社区内的基础设施建设水平有着显著的关联,社区的基本

公共服务水平影响着老年人的社会支持水平，社区内的人际交往关系状况和社区内各种组织的发展状况也影响着老年人的社会网络水平，因此社区是影响老年人社会资本来源的重要场域。样本中社区内老年人的平均社会资本水平（除自己外）能够反映其所在社区整体的社会资本水平，这影响着老年人个人的社会资本水平，也与个人的其他变量无显著关联，能够很好地满足工具变量所要求的相关性和外生性。

5.1.1.5 中介变量

中介变量为经济资本和消费支出，在实证分析中均对其进行对数化处理。经济资本由老年人个人的货币资产总额反映，货币资产包括现金、电子货币（微信钱包以及支付宝余额里的钱）、在金融机构（如银行、信用社等）的存款。消费支出由老年人所在家庭人均一个月的花费总额反映，这里选择家庭人均消费支出而非个人消费支出的原因在于：其一，老年人的个人消费支出包含在家庭消费支出内；其二，老年人的社会资本和经济资本可以直接影响家庭人均消费支出；其三，某些家庭消费品在家庭内部具有"家庭公共品"的性质，老年人在"搭便车"的过程中可对自身产生效用。

本章各个变量的定义与数据统计见表5.2。样本中，老年人的多维相对贫困程度的平均值为0.3144，多维相对贫困深度的平均值为0.2494，多维相对贫困强度的平均值为0.2323。老年人的社会网络的平均值为0.2385，社会参与的平均值为0.7727，社会支持的平均值为0.2634，社会资本指数的平均值为0.0780。女性老年人占52.68%，男性老年人占47.32%；老年人的平均年龄为69.2岁；受教育程度为"小学及以下"的老年人占74.67%，"初中及以上"的老年人占25.33%；"有配偶"的老年人占69.14%，"无配偶"的老年人占30.86%；"少数民族"占6.85%，"汉族"占93.15%；"未就业"的老年人占87.87%，"在就业"的老年人占12.13%；3.07%的老年人没有医疗保险，96.93%的老年人有医疗保险；9.56%的老年人没有养老保险，90.44%的老年人有养老保险；老年人的同住家庭成员数量平均为0.9人，健在父母数量平均为0.2人，健在孩子数量平均为3.0

人；农村老年人占59.28%，城镇老年人占40.72%；西部地区老年人占32.89%，中部地区老年人占33.38%，东部地区老年人占33.73%。社会资本的社区平均值（除自己外）的平均值为0.0682。经济资本的平均值为14368.4400元，将其对数化处理的平均值为6.0951；消费支出的平均值为1102.6400元/月，将其对数化处理的平均值为6.3707。

表5.2 变量定义与数据统计（一）

	变量名称	变量定义	平均值	标准差	最小值	最大值
被解释变量	多维相对贫困程度	连续变量	0.3144	0.2065	0	1.0000
	多维相对贫困深度	连续变量	0.2494	0.1723	0	0.9008
	多维相对贫困强度	连续变量	0.2323	0.1654	0	0.8448
解释变量	社会网络	连续变量	0.2385	0.4376	0	2
	社会参与	连续变量	0.7727	1.0112	0	10
	社会支持	连续变量	0.2634	0.5881	0	7
	社会资本指数	连续变量	0.0780	0.0944	0	0.4757
控制变量	性别	女=0、男=1	0.4732	0.4993	0	1
	年龄	连续变量	69.1605	6.5998	60	95
	受教育程度	小学及以下=0 初中及以上=1	0.2533	0.4350	0	1
	婚姻状况	有配偶=0、无配偶=1	0.3086	0.4620	0	1
	民族	少数民族=0、汉族=1	0.9315	0.2526	0	1
	就业状况	未就业=0、在就业=1	0.1213	0.3265	0	1
	医疗保险	没有=0、有=1	0.9693	0.1724	0	1
	养老保险	没有=0、有=1	0.9044	0.2940	0	1
	同住家庭成员数量	连续变量	0.8732	1.4559	0	12
	健在父母数量	连续变量	0.2174	0.5284	0	4

续　表

变量名称		变量定义	平均值	标准差	最小值	最大值
控制变量	健在孩子数量	连续变量	2.9652	1.4493	0	11
	城乡类型	农村＝0、城镇＝1	0.4072	0.4914	0	1
	地区类型　西部地区	否＝0、是＝1	0.3289	0.4699	0	1
	中部地区	否＝0、是＝1	0.3338	0.4716	0	1
	东部地区	否＝0、是＝1	0.3373	0.4729	0	1
工具变量	社会资本的社区平均值(除自己外)	连续变量	0.0682	0.0405	0	0.2379
中介变量	经济资本	对数化处理	6.0951	3.6077	0	14.8097
	消费支出	对数化处理	6.3707	1.4129	0	11.2898

数据来源：本书根据2018年CHARLS数据整理。

5.1.2　模型设定

5.1.2.1　多元线性回归模型

本章首先建立多元线性回归模型，使用最小二乘法（OLS）分析社会资本各要素，即社会网络、社会参与、社会支持对老年人多维相对贫困程度的影响：

$$MRP_{0i} = \alpha_{10} + \alpha_{11}SN_i + \alpha_{12}SP_i + \alpha_{13}SS_i + \sum \beta_{1j}Z_{ij} + \varepsilon_{1i} \quad (5.9)$$

式(5.9)中，MRP_{0i}为第i个老年人的多维相对贫困程度，SN_i、SP_i、SS_i分别为第i个老年人的社会网络、社会参与、社会支持，Z_{ij}为第i个老年人的第j个控制变量。α_{10}为截距项；α_{11}、α_{12}、α_{13}、β_{1j}分别为各个变量的回归系数；ε_{1i}为随机误差项，服从一个数学期望为0、方差为σ^2的正态分布，记为$N(0, \sigma^2)$。

接着使用该模型分析社会资本指数对老年人多维相对贫困程度的影响及其异质性：

$$MRP_{0i} = \alpha_{20} + \alpha_{21} SC_i + \sum \beta_{2j} Z_{ij} + \varepsilon_{2i} \qquad (5.10)$$

式(5.10)中，SC_i 为第 i 个老年人的社会资本指数。

为了验证回归结果的可靠性，将被解释变量替换为多维相对贫困深度和多维相对贫困强度，使用该模型进行稳健性检验：

$$MRP_{1i} = \alpha_{30} + \alpha_{31} SN_i + \alpha_{32} SP_i + \alpha_{33} SS_i + \sum \beta_{3j} Z_{ij} + \varepsilon_{3i} \quad (5.11)$$

$$MRP_{1i} = \alpha_{40} + \alpha_{41} SC_i + \sum \beta_{4j} Z_{ij} + \varepsilon_{4i} \qquad (5.12)$$

式(5.11)和(5.12)中，MRP_{1i} 为第 i 个老年人的多维相对贫困深度。

$$MRP_{2i} = \alpha_{50} + \alpha_{51} SN_i + \alpha_{52} SP_i + \alpha_{53} SS_i + \sum \beta_{5j} Z_{ij} + \varepsilon_{5i} \quad (5.13)$$

$$MRP_{2i} = \alpha_{60} + \alpha_{61} SC_i + \sum \beta_{6j} Z_{ij} + \varepsilon_{6i} \qquad (5.14)$$

式(5.13)和(5.14)中，MRP_{2i} 为第 i 个老年人的多维相对贫困强度。

5.1.2.2　分位数回归模型

多元线性回归模型中，考察的是解释变量 x 对被解释变量 y 的条件期望 $E(y|x)$ 的影响，这只是刻画了条件分布 $y|x$ 的集中趋势，并不能反映其分布的全貌，实际上是一种均值回归；使用 OLS 的古典"均值回归"，最小化的目标函数为残差平方和（$\sum_{i=1}^{n} e_i^2$），容易受极端值的影响（陈强，2014）。为此，Koenker & Bassett(1978)提出"分位数回归"，使用残差绝对值的加权平均（$\sum_{i=1}^{n} w_i |e_i|$）作为最小化的目标函数，不容易受极端值的影响，而且还能提供关于条件分布 $y|x$ 的全面信息。

由于老年人的多维相对贫困程度具有较高的异质性，相等的社会资本可能对不同贫困程度的老年人产生不同的影响，因此本章同时使用分位数回归模型(QR)，分析在不同分位点处社会资本对老年人多维相对贫困程度的影响，以验证多元线性回归模型的结论是否仍被支持。

首先，分析在不同分位点处社会网络、社会参与、社会支持对老年人多维相对贫困程度的影响：

$$Q_{iq}(MRP_{0i}) = \alpha_{10q} + \alpha_{11q}SN_i + \alpha_{12q}SP_i + \alpha_{13q}SS_i + \sum \beta_{1jq}Z_{ij} + \varepsilon_{10i}$$
(5.15)

式(5.15)中，$Q_{iq}(MRP_{0i})$ 表示在给定核心解释变量和控制变量的分布下，多维相对贫困程度的条件分位数。q 表示分位数，本书依次选取10%、25%、50%、75%、90%；α_{11q}、α_{12q}、α_{13q}、β_{1jq} 分别为各个变量的 q 分位数回归系数，其余变量和参数的解释同上文多元线性回归模型中一样。

然后，分析在不同分位点处社会资本指数对老年人多维相对贫困程度的影响：

$$Q_{iq}(MRP_{0i}) = \alpha_{20q} + \alpha_{21q}SC_i + \sum \beta_{2jq}Z_{ij} + \varepsilon_{20i} \quad (5.16)$$

将被解释变量替换为多维相对贫困深度和多维相对贫困强度，使用该模型进行稳健性检验：

$$Q_{iq}(MRP_{1i}) = \alpha_{30q} + \alpha_{31q}SN_i + \alpha_{32q}SP_i + \alpha_{33q}SS_i + \sum \beta_{3jq}Z_{ij} + \varepsilon_{30i}$$
(5.17)

$$Q_{iq}(MRP_{1i}) = \alpha_{40q} + \alpha_{41q}SC_i + \sum \beta_{4jq}Z_{ij} + \varepsilon_{40i} \quad (5.18)$$

式(5.17)和(5.18)中，MRP_{1i} 为第 i 个老年人的多维相对贫困深度。

$$Q_{iq}(MRP_{2i}) = \alpha_{50q} + \alpha_{51q}SN_i + \alpha_{52q}SP_i + \alpha_{53q}SS_i + \sum \beta_{5jq}Z_{ij} + \varepsilon_{50i}$$
(5.19)

$$Q_{iq}(MRP_{2i}) = \alpha_{60q} + \alpha_{61q}SC_i + \sum \beta_{6jq}Z_{ij} + \varepsilon_{60i} \quad (5.20)$$

式(5.19)和(5.20)中，MRP_{2i} 为第 i 个老年人的多维相对贫困强度。

5.1.2.3 工具变量线性回归模型

由于可能存在遗漏变量、测量误差等情况，因此本章在工具变量线性回归模型中采用二阶段最小二乘法(2SLS)处理内生性问题。

$$MRP_{0i} = \alpha_{70} + \alpha_{71}\widehat{SC_i} + \sum \beta_{7j}Z_{ij} + \varepsilon_{7i} \quad (5.21)$$

$$SC_i = \alpha_{80} + \alpha_{81}I_i + \sum \beta_{8j}Z_{ij} + \varepsilon_{8i} \quad (5.22)$$

式(5.22)是第一阶段回归，I_i 是工具变量，即除老年人自己外的社会

资本的社区平均值。式(5.21)是第二阶段回归,SC_i 是第一阶段回归的拟合值。

5.1.2.4 工具变量分位数回归模型

如上所述,社会资本指数存在内生性,用分位数回归模型进行估计也会产生偏误。因此,在分位数回归模型的基础上加入工具变量,使用工具变量分位数回归模型(IVQR)处理内生性问题,具体的求解过程可以参照 Chernozhukov & Hansen(2005,2006)的研究。

$$MRP_0 = SC'\alpha(U) + Z'\beta(U), \ U \mid Z, I \sim Uniform(0,1) \quad (5.23)$$

$$SC = f(Z, I, V) \quad (5.24)$$

式(5.23)中,MRP_0 表示多维相对贫困程度,SC 代表内生变量,即社会资本指数。Z 代表控制变量;U 是随机变量,服从(0,1)上的均匀分布。式(5.24)中,I 是工具变量,V 为未观测到的扰动向量。由于 V 和 U 是相关的,从而引起了内生性。

5.1.2.5 结构方程模型

本部分以经济资本和消费支出为中介变量,建立结构方程模型,分析社会资本影响老年人多维相对贫困程度的多重链式中介效应,结构方程模型如下:

$$EC_i = \gamma_{10} + \gamma_{11} SC_i + \sum \delta_{1j} Z_{ij} + \mu_{1i} \quad (5.25)$$

$$CS_i = \gamma_{20} + \gamma_{21} SC_i + \gamma_{22} EC_i + \sum \delta_{2j} Z_{ij} + \mu_{2i} \quad (5.26)$$

$$MRP_{0i} = \gamma_{30} + \gamma_{31} SC_i + \gamma_{32} EC_i + \gamma_{33} CS_i + \sum \delta_{3j} Z_{ij} + \mu_{3i} \quad (5.27)$$

其中,EC_i 为第 i 个老年人的经济资本,CS_i 为第 i 个老年人所在家庭的人均消费支出。式(5.25)为经济资本对社会资本的回归模型,式(5.26)为消费支出对社会资本和经济资本的回归模型,式(5.27)为多维相对贫困程度对社会资本、经济资本和消费支出的回归模型。

5.2 实证分析

5.2.1 社会资本各要素对老年人多维相对贫困程度影响的实证分析

本书首先建立多元线性回归模型分析社会资本各要素对老年人多维相对贫困程度的影响。多重共线性检验的结果显示：所有核心解释变量和控制变量的方差膨胀因子(VIF)都小于2，VIF的平均值为1.18，模型排除了多重共线性问题。从表5.3中的模型(5.1)可以看出，在1%的显著水平上，老年人的社会网络对多维相对贫困程度有显著的负向影响，社会网络每增加1个单位，多维相对贫困程度平均减少0.023个单位；在1%的显著水平上，老年人的社会参与对多维相对贫困程度有显著的负向影响，社会参与每增加1个单位，多维相对贫困程度平均减少0.023个单位；在5%的显著水平上，老年人的社会支持对多维相对贫困程度有显著的负向影响，社会支持每增加1个单位，多维相对贫困程度平均减少0.011个单位。由于老年人多维相对贫困程度的高度异质性，相等的社会网络、社会参与或社会支持可能对不同贫困程度的老年人有不同的影响。本书同时建立分位数回归模型，分析社会资本各构成要素对不同分位数处老年人多维相对贫困程度的影响。表5.3中的模型(5.2)到模型(5.6)显示，在5%的显著水平上，老年人的社会网络对多维相对贫困程度的影响都显著为负，影响系数分别为－0.011、－0.018、－0.026、－0.034、－0.034；模型(5.2)到模型(5.6)显示，在1%的显著水平上，老年人的社会参与对多维相对贫困程度的影响都显著为负，影响系数分别为－0.009、－0.012、－0.023、－0.030、－0.037；模型(5.2)和模型(5.3)显示，在10%的显著水平上，老年人的社会支持对多维相对贫困程度的影响都显著为负，影响系数分别为－0.006、－0.010。

社会网络规模与老年人的多维相对贫困程度有显著的负向关联。社会网络是社会个体成员及其相互间关系的集合,强调人们之间的关系和互动,社会关系越紧密、社会互动越频繁,个体成员能收取的收益就往往越多。社会护航理论认为,老年人的社会关系网络犹如护航者一样,在老年阶段为老年个体提供支撑,以应对变老所产生的压力(刘素素等,2016)。基于日常生活活动形成的各种社会关系网络是老年人获取资源的重要来源。社会网络首先具有传递信息的功能,作为信息传播通道,老年人可以从中了解到从何处获取资源以及如何才能获取到这些资源;其次,社会网络具有信誉担保的特征,社会网络使得信任可以扩散和传递,资源优先向享有较高信誉的个体转移;最后,社会网络具有联结资源的作用,实现资源在不同主体之间的转移。丰富的人际交往关系与和睦密切的社区(邻里)网络是老年人生活的重要组成部分,往往潜藏着循环往复的经济的、物质的、情感的回报。包括政党和宗教在内的社团网络是重要的社会结构,对老年人同样重要。中国共产党的基层组织众多,是我国发达的组织结构,具有规模庞大、组织联系紧密、开展活动频率高、成员参与率高等特点,具备整合社会资源和进行社会动员的能力,是不可忽略的社会结构;宗教组织将具有共同宗教信仰和精神需求的人聚集在一起,具有联结资源和加强人情的作用。总之,发达而紧密的社会网络可以丰富老年人的收入来源,提高物质生活水平,改善健康状况,从而缓解老年人的多维相对贫困。

社会参与水平与老年人的多维相对贫困程度也有显著的负向关联。Lee (2013)的研究也表明社会参与是生活贫困的老年人积极老龄化和社会融合的一个重要因素。保障贫困群体的社会参与权益,是为他们提供福利供给的重要一环,也有助于反贫困工作的深入推进(彭忠益和万国威,2008)。活动理论和连续性理论认为成功的老龄化在于老年人保持充分的活力和积极地参与力所能及的社会活动,这样他们就能生活得更好。社会活动是老年人社会生活的基础,老年人的生活满足感通过积极参与社会活动得到满足,自尊与健康也在参与过程中得以增强。通过社会参与,一方面,老年人能够发挥自身拥有的信息资源优势和网络信任优势,增加获取资源的途径,丰富收入来

源，改善物质生活状况；另一方面，老年人可以建立、维持和扩大社会网络，缓解退休之后社会角色发生转换造成的孤独、焦虑、抑郁等负面情绪，而且也有助于缓解身体健康、认知能力的不断衰弱，降低患病和死亡的风险。此外，通过广泛的社会参与活动，老年人也能得到相应的社会支持。老年人越是积极参与到各种社会活动之中，越能深度融入到社会之中，所拥有和掌握的资源通常也会越多，越能给老年人的日常生活带来帮助与便利，避免遭受各种贫困风险的冲击，从而降低发生多维相对贫困的风险。

社会支持水平与老年人的多维相对贫困程度同样有显著的负向关联。老年人拥有的社会支持网络越大，就越能应对各种贫困风险的挑战。实施精准扶贫政策以后，我国政府和社会面向老年人不断增加社会支持的供给，大幅降低了老年人因病致贫或因病返贫的风险。随着我国社会生产生活方式的变化，家庭结构也随之发生了转变，家庭结构表现为小型化、老年化、独居化的趋势，家庭结构的变化意味着过往传统的家庭成员互帮互助的形式逐渐弱化，单纯依靠家庭提供全方位的养老保障服务已经不再现实，家庭在经济赡养、生活照料、精神慰藉等方面承担的养老功能不断减弱甚至时常缺位，养老方式由家庭向社会过渡（慈勤英，2016；于长永等，2017），社会支持在其中的重要性愈加凸显。老年人作为社会中特殊的弱势群体，社会支持也是他们获取支持和援助的重要途径，正是通过他人或社会的工具性的行动或情感性的行动对老年人施以帮助，包括经济的、物质的、情感的支持，那些便利的可转移的资源才最终转移给老年人，这对于提高他们的生活质量和生活满意度大有所益。对于老年人而言，更多的幸福感往往来自于更大的支持网络和更多的社会接触（肖琦和曾铁英，2017）。

在多元线性回归模型的各个控制变量中：就性别而言，与男性老年人相比，女性老年人更易陷入多维相对贫困之中，由于家庭内部分工的不同，女性平时从事家庭劳务的时间远远超过男性，且家庭内部资源分配不平等，致使女性在收入、消费、健康、休闲、决策等方面大多遭受权利和能力的相对剥夺，表现为更多地体验贫困，这与陈宁（2020）的研究一致。就年龄而言，

年龄对老年人的多维相对贫困程度的影响为负,但回归系数的绝对值接近于0,表明这种影响很小,可能是因为老年人的年龄越大,他们接受的各种支持帮扶就越多,例如我国的高龄津贴随着年龄的增加呈现阶梯式的上升,这些支持帮扶有助于降低他们的贫困程度。就受教育程度而言,受教育程度较高的老年人拥有较高的人力资本,而且在获取信息和利用资源方面更具优势,这为他们带来了更高的经济收入、更好的物质生活水平和更健康的功能状态,受教育程度的提高降低了老年人的多维相对贫困程度。就婚姻状况而言,无配偶使老年人的多维相对贫困程度显著增加,无配偶的老年人缺少配偶的支持,在生活中往往缺少依靠与陪伴,很多又处于独居状态,茕茕孑立、形影相吊、孤独一人,比较容易陷入多维相对贫困之中,金光照和陶涛(2022)认为有配偶的老年人拥有更稳健的老年生活、更健康的老龄体魄和更积极的老化精神,这与本研究的结果一致。就民族而言,与汉族老年人相比,少数民族老年人受历史、地理条件等影响,很多处于边远贫困地区,发展水平有限,因此更易陷入多维相对贫困之中。关于就业状况,与退出劳动队伍行列的老年人相比,目前仍在就业的老年人可以获取更高的经济收入,较高的经济收入便能维持较高的物质生活水平和比较健康的功能状态,因此退休之后再就业可以降低老年人的多维相对贫困程度。就医疗保险而言,多元线性回归模型中的影响系数不显著,而分位数回归模型中10%、25%和50%分位数处的影响系数显著,说明拥有医疗保险可以降低贫困程度较轻的老年人的多维相对贫困程度,而对贫困程度较重的老年人影响不显著,可能是因为医疗保险仅在老年人就医过程中发挥其应有的作用,因而仅对轻度贫困产生影响,减缓贫困的作用有限。就养老保险而言,拥有养老保险的老年人每月可收到一笔退休金或养老金,其经济收入水平明显高于没有养老保险的老年人,物质生活水平和健康功能状态同样如此,因而拥有养老保险可以降低老年人的多维相对贫困程度,这与亚森江·阿布都古丽(2021)的研究结果相同。就家庭成员数量而言,同住的家庭成员数量越多,老年人的物质生活水平也会得到改善,接受到家人的经济支持、照料支持和精神慰藉也会越多,从而

降低陷入多维相对贫困的风险。就健在父母数量而言，由于老年人的年龄已然很高，大多数已无健在父母（包括养父母），很多人已经没有赡养父母的压力，因而健在父母数量对老年人的多维相对贫困程度没有显著影响。就健在子女数量而言，在我国的传统风俗习惯中，子女在成家立业时老年人的财富流向子女以帮助他们早日实现自立，健在子女数量的增加使老年人的财富在过往大量流出，因而提高了老年人的多维相对贫困程度。就城乡类型而言，与城镇老年人相比，农村老年人更易陷入多维相对贫困之中，我国此前存在明显的城乡二元结构，虽然近年来城乡逐步实现融合发展，但是城乡之间的社会经济发展水平依然存在较大的差距，具体表现为城乡之间的人均可支配收入、基础设施建设水平、基本公共卫生服务水平和医疗技术水平等方面的差异，因而农村老年人的多维相对贫困程度相比较高。就地区类型而言，居住在东部地区对老年人的多维相对贫困程度的减缓效应最高、居住在中部地区次之、居住在西部地区最低，这主要是受我国目前区域经济发展格局的影响，东部地区经济发展水平最高、中部地区次之、西部地区最低。

表5.3 社会资本各要素对老年人多维相对贫困程度影响的回归结果

变量名称	模型(5.1)	模型(5.2)	模型(5.3)	模型(5.4)	模型(5.5)	模型(5.6)
	OLS	QR_{10}	QR_{25}	QR_{50}	QR_{75}	QR_{90}
核心解释变量							
社会网络	−0.023***	−0.011**	−0.018***	−0.026***	−0.034**	−0.034**
	(0.007)	(0.005)	(0.006)	(0.009)	(0.013)	(0.017)
社会参与	−0.023***	−0.009***	−0.012***	−0.023***	−0.030***	−0.037***
	(0.003)	(0.002)	(0.002)	(0.003)	(0.001)	(0.007)
社会支持	−0.011**	−0.006*	−0.010**	−0.009	−0.008	−0.017
	(0.005)	(0.004)	(0.004)	(0.006)	(0.009)	(0.014)
控制变量							
性别（女性）	−0.023***	−0.011**	−0.014**	−0.026***	−0.022*	−0.027*
	(0.007)	(0.005)	(0.006)	(0.008)	(0.012)	(0.014)

续表

变量名称	模型(5.1) OLS	模型(5.2) QR_{10}	模型(5.3) QR_{25}	模型(5.4) QR_{50}	模型(5.5) QR_{75}	模型(5.6) QR_{90}
年龄	-0.002***	-0.001*	-0.001*	-0.002***	-0.003***	-0.005***
	(0.001)	(0.000)	(0.001)	(0.001)	(0.001)	(0.001)
受教育程度（小学及以下）	-0.044***	-0.024***	-0.036***	-0.041***	-0.059***	-0.057***
	(0.007)	(0.005)	(0.007)	(0.009)	(0.013)	(0.019)
婚姻状况（有配偶）	0.035***	0.019***	0.032***	0.033***	0.034**	0.042**
	(0.007)	(0.006)	(0.008)	(0.008)	(0.014)	(0.017)
民族（少数民族）	-0.031**	-0.016*	-0.022	-0.029**	-0.036	-0.027
	(0.013)	(0.010)	(0.014)	(0.014)	(0.026)	(0.023)
就业状况（未就业）	-0.061***	-0.030***	-0.036***	-0.052***	-0.082***	-0.100***
	(0.009)	(0.007)	(0.010)	(0.010)	(0.014)	(0.019)
医疗保险（没有）	-0.021	-0.069***	-0.062*	-0.050	0.002	0.049
	(0.016)	(0.023)	(0.032)	(0.020)	(0.019)	(0.032)
养老保险（没有）	-0.183***	-0.077***	-0.173***	-0.227***	-0.237***	-0.184***
	(0.012)	(0.020)	(0.025)	(0.013)	(0.018)	(0.020)
家庭成员数量	-0.004*	-0.003*	-0.003	-0.005**	-0.002	-0.005
	(0.002)	(0.001)	(0.002)	(0.002)	(0.004)	(0.004)
健在父母数量	-0.008	-0.005	-0.008	-0.008	-0.014	0.003
	(0.006)	(0.004)	(0.005)	(0.008)	(0.013)	(0.014)
健在子女数量	0.007***	0.006***	0.006**	0.006**	0.005	0.014***
	(0.003)	(0.002)	(0.003)	(0.003)	(0.005)	(0.005)
城乡类型（农村）	-0.099***	-0.070***	-0.095***	-0.105***	-0.097***	-0.107***
	(0.007)	(0.005)	(0.007)	(0.008)	(0.012)	(0.015)
中部地区（西部地区）	-0.025***	-0.024***	-0.032***	-0.029***	-0.023	-0.016
	(0.008)	(0.006)	(0.008)	(0.009)	(0.014)	(0.019)
东部地区（西部地区）	-0.046***	-0.034***	-0.050***	-0.061***	-0.054***	-0.035**
	(0.007)	(0.006)	(0.007)	(0.009)	(0.014)	(0.016)

续 表

变量名称	模型 (5.1) OLS	模型 (5.2) QR_{10}	模型 (5.3) QR_{25}	模型 (5.4) QR_{50}	模型 (5.5) QR_{75}	模型 (5.6) QR_{90}
常数项	0.782***	0.367***	0.554***	0.816***	1.007***	1.131***
	(0.044)	(0.037)	(0.048)	(0.050)	(0.089)	(0.097)
R^2/伪R^2	0.2498	0.1247	0.1615	0.1654	0.1408	0.1285
N	3652	3652	3652	3652	3652	3652

注：变量名称中括号内为参照组；模型(5.1)中括号内数据为稳健标准误，度量拟合优度的统计量为 R^2；模型(5.2)到模型(5.6)中括号内数据为 Bootstrap 标准误，抽样次数为 500，度量拟合优度的统计量为伪 R^2；***、**、* 分别表示在 1%、5%、10% 水平上显著。

5.2.2 社会资本对老年人多维相对贫困程度影响的实证分析

5.2.2.1 基准回归分析

本书建立多元线性回归模型分析社会资本指数对老年人多维相对贫困程度的影响。多重共线性检验的结果显示：核心解释变量和控制变量的方差膨胀因子(VIF)都小于2，VIF 的平均值为 1.19，模型排除了多重共线性问题。从表 5.4 中的模型(5.7)可以看出，在 1% 的显著水平上，老年人的社会资本指数对多维相对贫困程度有显著的负向影响，社会资本指数每增加 1 个单位，多维相对贫困程度平均减少 0.205 个单位。由于老年人多维相对贫困程度的高度异质性，相等的社会资本指数同样可能对不同贫困程度的老年人有不同的影响。为此，本书同时建立分位数回归模型，分析社会资本指数对不同分位数处老年人多维相对贫困程度的影响。表 5.4 中的模型(5.8)到模型(5.12)显示，在 1% 的显著水平上，老年人的社会资本指数对多维相对贫困程度的影响仍然显著为负，影响系数分别为 −0.104、−0.140、−0.228、−0.276、−0.276。图 5.1 中社会资本指数分位数回归系数的变化趋势显示，随着老年人贫困程度的加重，影响系数的绝对值表现为不断变大的趋势，表明社会资本可能表现为"益贫性"。

表5.4　社会资本对老年人多维相对贫困程度影响的回归结果

变量名称	模型(5.7) OLS	模型(5.8) QR_{10}	模型(5.9) QR_{25}	模型(5.10) QR_{50}	模型(5.11) QR_{75}	模型(5.12) QR_{90}
核心解释变量						
社会资本指数	-0.205***	-0.104***	-0.140***	-0.228***	-0.276***	-0.276***
	(0.032)	(0.027)	(0.031)	(0.036)	(0.055)	(0.078)
控制变量						
性别（女性）	-0.020***	-0.008*	-0.012*	-0.023***	-0.023*	-0.020
	(0.007)	(0.005)	(0.006)	(0.009)	(0.013)	(0.015)
年龄	-0.002***	0.000	-0.001	-0.002***	-0.003***	-0.004***
	(0.001)	(0.000)	(0.001)	(0.001)	(0.001)	(0.001)
受教育程度（小学及以下）	-0.049***	-0.026***	-0.041***	-0.047***	-0.066***	-0.069***
	(0.007)	(0.005)	(0.007)	(0.010)	(0.013)	(0.018)
婚姻状况（有配偶）	0.035***	0.019***	0.031***	0.034***	0.036***	0.044**
	(0.007)	(0.006)	(0.008)	(0.009)	(0.013)	(0.017)
民族（少数民族）	-0.033***	-0.019**	-0.019	-0.035**	-0.043	-0.033
	(0.013)	(0.009)	(0.014)	(0.015)	(0.032)	(0.026)
就业状况（未就业）	-0.060***	-0.027***	-0.033***	-0.050***	-0.075***	-0.088***
	(0.009)	(0.007)	(0.008)	(0.009)	(0.014)	(0.019)
医疗保险（没有）	-0.023	-0.064**	-0.058*	-0.057***	0.008	0.035
	(0.016)	(0.026)	(0.031)	(0.019)	(0.020)	(0.034)
养老保险（没有）	-0.184***	-0.076***	-0.180***	-0.231***	-0.239***	-0.174***
	(0.012)	(0.021)	(0.026)	(0.014)	(0.016)	(0.020)
家庭成员数量	-0.004*	-0.003	-0.003	-0.004	0.005	-0.003
	(0.002)	(0.001)	(0.003)	(0.003)	(0.004)	(0.004)
健在父母数量	-0.011*	-0.005	-0.009*	-0.014*	-0.021*	-0.004
	(0.006)	(0.004)	(0.005)	(0.007)	(0.011)	(0.016)
健在子女数量	0.008***	0.006**	0.007*	0.007**	0.007	0.013**
	(0.003)	(0.002)	(0.003)	(0.003)	(0.005)	(0.005)

续 表

变量名称	模型 (5.7)	模型 (5.8)	模型 (5.9)	模型 (5.10)	模型 (5.11)	模型 (5.12)
	OLS	QR_{10}	QR_{25}	QR_{50}	QR_{75}	QR_{90}
中部地区	-0.025***	-0.022***	-0.033***	-0.030***	-0.020	-0.015
(西部地区)	(0.008)	(0.007)	(0.008)	(0.010)	(0.015)	(0.021)
东部地区	-0.046***	-0.033***	-0.047***	-0.060***	-0.048***	-0.043**
(西部地区)	(0.007)	(0.006)	(0.007)	(0.010)	(0.014)	(0.017)
常数项	0.762***	0.332***	0.542***	0.822***	0.976***	1.093***
	(0.045)	(0.041)	(0.048)	(0.049)	(0.083)	(0.101)
R^2/伪R^2	0.2420	0.1222	0.1580	0.1603	0.1357	0.1200
N	3652	3652	3652	3652	3652	3652

注：变量名称中括号内为参照组；模型(5.7)中括号内数据为稳健标准误，度量拟合优度的统计量为R^2；模型(5.8)到模型(5.12)中括号内数据为Bootstrap标准误，抽样次数为500，度量拟合优度的统计量为伪R^2；***、**、*分别表示在1%、5%、10%水平上显著。

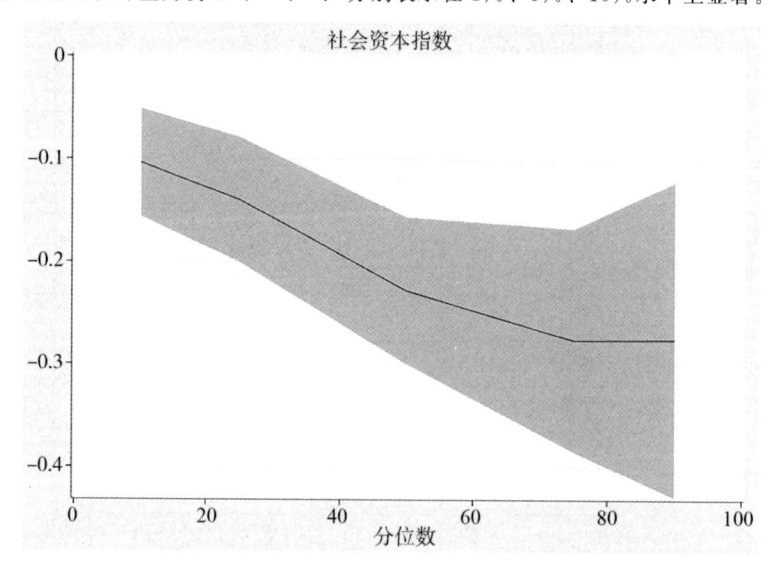

图 5.1 社会资本指数分位数回归系数的变化

多元线性回归模型和分位数回归模型的结果都表明，社会资本可以缓解老年人的多维相对贫困程度。作为结构型社会资本构成要素的社会网络、社会参与、社会支持相辅相成，老年人能嵌入其中而获取资源，丰富收入来源，提高收入水平，改善物质生活状况，促进健康水平的提高，从多个方面缓解他们的多维相对贫困程度。社会资本作为一种非正式的资本，具有资本的属性，能为其拥有者带来收益。社会资本被认为是一种便利的可转移的资源，存在于各种社会关系网络之中，该网络资源可以通过参与各种社会活动和接受各种社会支持被老年人加以利用，且它往往嵌入在亲缘血缘关系、组织关系和邻居关系之中，并通过非制度化的网络关系和稳定化的行为模式给予老年人一定的保障。社会资本具有重要的减贫效应，它将传统主要局限于近邻和亲友等局部小范围内的守望相助发展成为一种社会性的人文关怀与支持，把老年贫困群体不甚紧密的社会网与更广泛的个人、家庭与社会组织联系起来，有效地促进了他们的社会融入，加强了与社会的联系，获得了更多的社会资源，减缓了相对贫困程度。

5.2.2.2 内生性处理

由于社会资本的内涵较为丰富，学界目前对社会资本的测度还没有形成统一的标准，而且本书受所使用数据的限制选取的相关指标有限，因而社会资本的测量存在误差。此外，影响老年人相对贫困的因素众多，本书不可能罗列穷尽，故而模型也存在着遗漏变量。测量误差和遗漏变量的存在，使社会资本指数可能存在着内生性，这也在其他研究中得到证实（周玉龙和孙久文，2017）。为了检验内生性，本书在多元线性回归模型中首先进行异方差检验，检验结果显示 P 值等于 0.000，强烈拒绝同方差的原假设，认为存在异方差；由于异方差的存在导致传统的豪斯曼检验不成立，故而本书进行异方差稳健的 DWH 检验内生性，检验结果显示 P 值等于 0.023（小于 0.050），拒绝了解释变量外生性的原假设，证实了社会资本指数为内生解释变量。为此，采用样本中社会资本的社区平均值（除自己外）作为工具变量，使用两阶段最小二乘法对内生性进行处理。相关性检验结果显示内生解释变量与工具变量的相关系数为 0.2368，且在 1% 水平上显著；弱工具变量检验结果显示第一阶段的 F 统计量为 143.993（超过 10），而且 F 统计量的 P 值为 0.000，

说明本书选取的工具变量不是弱工具变量，社会资本的社区平均值（除自己外）作为工具变量满足与内生解释变量（社会资本指数）的相关性假定条件。而且该工具变量是（除自己外）社区层面的指标，也满足外生性的假定条件。本书内生解释变量的个数与工具变量的个数相等，为恰好识别，因而无须进行过度识别检验。由于内生性的问题同样在分位数回归模型中存在，本书同时建立了工具变量分位数回归模型对内生性进行处理。

表5.5中的内生性处理结果显示，社会资本指数对老年人多维相对贫困程度的影响在5%显著水平上都显著为负。模型(5.13)到模型(5.18)中社会资本指数的系数分别为－0.548、－0.770、－0.719、－0.653、－0.573、－0.482，与对应的模型(5.7)到模型(5.12)相比，各个系数的绝对值都明显变大，说明如若不对内生性进行处理，会低估社会资本对老年人的减贫效应。图5.2中社会资本指数工具变量分位数回归系数的变化趋势显示，在对内生性进行处理后，随着分位数的增加，社会资本指数系数的绝对值反而不断变小，这与图5.1中的变化趋势正好相反，说明内生性的存在掩盖了真实的变化趋势，表明社会资本对贫困老年人的影响作用不及富裕老年人。社会资本扩大了老年人内部的贫富差距，表现为"马太效应"，即占有社会资源更多的老年人凭借自己的优势地位，进一步获取了更多的资源，从而表现为较轻的贫困程度。不平等和贫困是社会各个群体之间在利益分配过程中争夺有限资源的结果。社会资源的多少与社会地位的高低有着互相影响的关系，各个群体在社会关系中所处的位置不同：一个群体拥有的社会资源越多，社会地位通常越高；一个群体的社会地位越高，占有的社会资源也通常越多。那些社会地位较高的群体通常占据着较多的社会资源，为了达成行动目标使群体利益最大化，他们倾向于在群体内部分享资源，群体外的个体无法获取其中的资源，这就使得缺乏资源的弱势群体无法获得资源，从而陷入贫困。在产生社会排斥的同时，使得穷人由于获得资源和变富机会的缺少而变得越来越贫穷，然而富人却凭借自己已经占有的资源变得更加富裕，扩大了贫富差距，造成了资源分配不平等的"马太效应"。Lin Nan(1999)也持相同的观点，他认为穷人能够获取和动用的社会资源劣于富人，因

此社会资本对穷人的回报也可能会低于对富人的回报,某种程度上也证伪了 Grootaert 提出的"社会资本是穷人的资本"假说(周晔馨和叶静怡,2014)。

表 5.5 工具变量模型的回归结果

变量名称	模型(5.13)	模型(5.14)	模型(5.15)	模型(5.16)	模型(5.17)	模型(5.18)
	2SLS	$IVQR_{10}$	$IVQR_{25}$	$IVQR_{50}$	$IVQR_{75}$	$IVQR_{90}$
核心解释变量						
社会资本指数	−0.548***	−0.770***	−0.719***	−0.653***	−0.573***	−0.482**
	(0.162)	(0.234)	(0.199)	(0.171)	(0.175)	(0.225)
控制变量	已控制	已控制	已控制	已控制	已控制	已控制
常数项	0.735***	0.369***	0.506***	0.687***	0.903***	1.146***
	(0.046)	(0.048)	(0.042)	(0.042)	(0.053)	(0.072)
N	3652	3652	3652	3652	3652	3652

注:模型(5.13)中括号内数据为稳健标准误;模型(5.14)到模型(5.18)中括号内数据为标准误;***、**分别表示在1%、5%水平上显著。

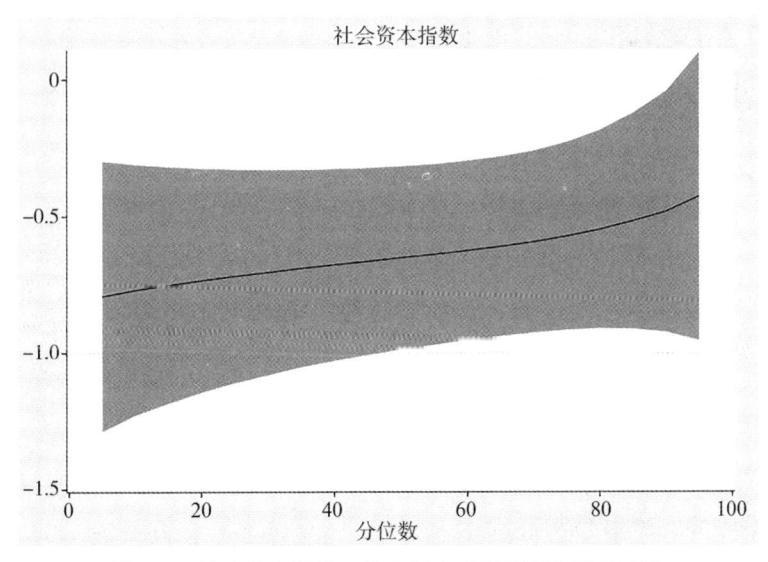

图 5.2 社会资本指数工具变量分位数回归系数的变化

5.2.2.3 稳健性检验

(1)替换权重赋值方法

此部分使用变异系数法对社会资本各个指标重新赋权,进行稳健性检验。变异系数法的操作步骤如下:

首先,对原始数据进行标准化处理,标准化处理方式依然遵循公式(5.3)。

然后,依次计算均值、标准差、变异系数和权重:

计算第 j 项评价指标的均值:

$$X_j = \frac{1}{n}\sum_{i=1}^{n} X'_{ij} \tag{5.28}$$

计算第 j 项评价指标的标准差:

$$S_j = \sqrt{\frac{1}{n-1}(X'_{ij} - X_j)^2} \tag{5.29}$$

计算第 j 项评价指标的变异系数:

$$V_j = \frac{S_j}{X_j} \tag{5.30}$$

计算第 j 项评价指标的权重:

$$W'_j = \frac{V_j}{\sum_{j=1}^{m} V_j} \tag{5.31}$$

最后,计算综合得分:

$$SC'_i = \sum_{j=1}^{m} W'_j X'_{ij} \tag{5.32}$$

使用变异系数法重新赋权后社会资本各要素的权重见表5.6。社会网络的权重为0.341,社会参与的权重为0.243,社会支持的权重为0.415;变异系数法中社会资本各构成要素的权重与熵权法中的权重相差不大,社会网络的权重略微减少,社会参与的权重略微增加,社会支持的权重基本没有发生改变。替换后的社会资本指数=0.341×社会网络+0.243×社会参与+0.415×社会支持。

表5.6 基于变异系数法的社会资本各要素的权重

构成要素	权重
社会网络	0.341
社会参与	0.243
社会支持	0.415

表5.7中基于变异系数法的稳健性检验结果显示：模型(5.19)到模型(5.24)中替换后的社会资本指数的系数分别为-0.225、-0.123、-0.152、-0.250、-0.306、-0.312，与对应的模型(5.7)到模型(5.12)相比，各系数的绝对值都略有增加，社会资本指数对老年人多维相对贫困程度的影响在1%水平上依然显著为负。对社会资本各构成要素，即社会网络、社会参与和社会支持的权重进行客观的调整后，社会资本指数的显著性没有发生变化，说明上文得到的研究结果是稳健的。

表5.7 基于变异系数法的社会资本对老年人多维相对贫困程度影响的回归结果

变量名称	模型(5.19)	模型(5.20)	模型(5.21)	模型(5.22)	模型(5.23)	模型(5.24)
	OLS	QR_{10}	QR_{25}	QR_{50}	QR_{75}	QR_{90}
核心解释变量						
社会资本指数	-0.225***	-0.123***	-0.152***	-0.250***	-0.306***	-0.312***
	(0.033)	(0.026)	(0.030)	(0.037)	(0.060)	(0.083)
控制变量	已控制	已控制	已控制	已控制	已控制	已控制
常数项	0.762***	0.335***	0.549***	0.822***	0.982***	1.109***
	(0.044)	(0.038)	(0.050)	(0.048)	(0.083)	(0.096)

续表

变量名称	模型(5.19)	模型(5.20)	模型(5.21)	模型(5.22)	模型(5.23)	模型(5.24)
	OLS	QR_{10}	QR_{25}	QR_{50}	QR_{75}	QR_{90}
R^2/伪R^2	0.2429	0.1226	0.1585	0.1609	0.1363	0.1207
N	3652	3652	3652	3652	3652	3652

注：模型(5.19)中括号内数据为稳健标准误，度量拟合优度的统计量为R^2；模型(5.20)到模型(5.24)中括号内数据为Bootstrap标准误，抽样次数为500，度量拟合优度的统计量为伪R^2；*** 表示在1%水平上显著。

(2)替换被解释变量

①将被解释变量替换为多维相对贫困深度

本书将被解释变量替换为老年人的多维相对贫困深度，接着进行稳健性检验。线性回归模型中：表5.8中模型(5.25)的结果显示，在1%的显著水平上，老年人的社会网络对多维相对贫困深度有显著的负向影响，社会网络每增加1个单位，多维相对贫困深度平均减少0.017个单位；在1%的显著水平上，老年人的社会参与对多维相对贫困深度有显著的负向影响，社会参与每增加1个单位，多维相对贫困深度平均减少0.019个单位；在1%的显著水平上，老年人的社会支持对多维相对贫困深度有显著的负向影响，社会支持每增加1个单位，多维相对贫困深度平均减少0.012个单位。分位数回归模型中：表5.8中模型(5.26)到模型(5.29)的结果显示，在10%的显著水平上，老年人的社会网络对多维相对贫困深度的影响都显著为负，影响系数分别为-0.009、-0.016、-0.018、-0.018；模型(5.26)到模型(5.30)的结果显示，在1%的显著水平上，老年人的社会参与对多维相对贫困深度的影响都显著为负，影响系数分别为-0.008、-0.010、-0.015、-0.025、-0.030；模型(5.26)到模型(5.29)的结果显示，在10%的显著水平上，老年人的社会支持对多维相对贫困深度的影响

都显著为负，影响系数分别为 -0.006、-0.006、-0.007、-0.013。

表 5.8 社会资本各要素对老年人多维相对贫困深度影响的回归结果

变量名称	模型(5.25)	模型(5.26)	模型(5.27)	模型(5.28)	模型(5.29)	模型(5.30)
	OLS	QR_{10}	QR_{25}	QR_{50}	QR_{75}	QR_{90}
核心解释变量							
社会网络	-0.017^{***}	-0.009^{**}	-0.016^{***}	-0.018^{***}	-0.018^{*}	-0.029
	(0.006)	(0.004)	(0.004)	(0.004)	(0.010)	(0.020)
社会参与	-0.019^{***}	-0.008^{***}	-0.010^{***}	-0.015^{***}	-0.025^{***}	-0.030^{***}
	(0.002)	(0.001)	(0.002)	(0.002)	(0.004)	(0.006)
社会支持	-0.012^{***}	-0.006^{*}	-0.006^{*}	-0.007^{*}	-0.013^{**}	-0.014
	(0.004)	(0.003)	(0.003)	(0.003)	(0.006)	(0.011)
控制变量	已控制	已控制	已控制	已控制	已控制	已控制
常数项	0.709^{***}	0.230^{***}	0.407^{***}	0.670^{***}	0.932^{***}	1.145^{***}
	(0.037)	(0.031)	(0.042)	(0.031)	(0.060)	(0.103)
R^2/伪R^2	0.2814	0.1380	0.1741	0.2010	0.2005	0.1302
N	3652	3652	3652	3652	3652	3652

注：模型(5.25)中括号内数据为稳健标准误，度量拟合优度的统计量为 R^2；模型(5.26)到模型(5.30)中括号内数据为 Bootstrap 标准误，抽样次数为 500，度量拟合优度的统计量为伪 R^2；***、**、* 分别表示在 1%、5%、10% 水平上显著。

与对应的模型(5.1)到模型(5.6)相比，社会网络、社会参与和社会支持的影响系数的绝对值几乎都变小了，这意味着社会网络、社会参与和社会支持各自对老年人多维相对贫困深度的影响作用不及对多维相对贫困程度的影响作用。

表 5.9 中的结果表明，模型(5.31)到模型(5.36)中社会资本指数的系数分别为 -0.172、-0.086、-0.118、-0.151、-0.241、-0.316，社

会资本指数对老年人多维相对贫困深度的影响在1%水平上都显著为负。与对应的模型(5.7)到模型(5.12)相比，各影响系数的绝对值也几乎都变小了，社会资本对老年人多维相对贫困深度的影响作用也不及对多维相对贫困程度的影响作用。其原因在于多维相对贫困程度衡量是否处于剥夺状态，而多维相对贫困深度衡量的是贫困差距，因此社会资本缓解老年人多维相对贫困深度的难度自然较大一些。

表5.9 社会资本对老年人多维相对贫困深度影响的回归结果

变量名称	模型(5.31)	模型(5.32)	模型(5.33)	模型(5.34)	模型(5.35)	模型(5.36)
	OLS	QR_{10}	QR_{25}	QR_{50}	QR_{75}	QR_{90}
核心解释变量						
社会资本指数	−0.172***	−0.086***	−0.118***	−0.151***	−0.241***	−0.316***
	(0.025)	(0.021)	(0.019)	(0.019)	(0.044)	(0.082)
控制变量	已控制	已控制	已控制	已控制	已控制	已控制
常数项	0.693***	0.240***	0.401***	0.647***	0.921***	1.118***
	(0.037)	(0.030)	(0.041)	(0.029)	(0.060)	(0.103)
R^2/伪R^2	0.2732	0.1347	0.1716	0.1961	0.1939	0.1238
N	3652	3652	3652	3652	3652	3652

注：模型(5.31)中括号内数据为稳健标准误，度量拟合优度的统计量为R^2；模型(5.32)到模型(5.36)中括号内数据为Bootstrap标准误，抽样次数为500，度量拟合优度的统计量为伪R^2；"***"表示在1%水平上显著。

②将被解释变量替换为多维相对贫困强度

本书将被解释变量替换为老年人的多维相对贫困强度再次进行稳健性检验。线性回归模型中：表5.10中模型(5.37)的结果显示，在1%的显著水平上，老年人的社会网络对多维相对贫困强度有显著的负向影响，社会网络每增加1个单位，多维相对贫困强度平均减少0.016个单位；在1%的

第5章 社会资本对中国老年人多维相对贫困程度的影响

显著水平上，老年人的社会参与对多维相对贫困强度有显著的负向影响，社会参与每增加1个单位，多维相对贫困强度平均减少0.017个单位；在1%的显著水平上，老年人的社会支持对多维相对贫困强度有显著的负向影响，社会支持每增加1个单位，多维相对贫困强度平均减少0.011个单位。分位数回归模型中：表5.10中模型（5.38）到模型（5.41）的结果显示，在10%的显著水平上，老年人的社会网络对多维相对贫困强度的影响都显著为负，影响系数分别为－0.008、－0.014、－0.016、－0.017；模型（5.38）到模型（5.42）的结果显示，在1%的显著水平上，老年人的社会参与对多维相对贫困强度的影响都显著为负，影响系数分别为－0.007、－0.008、－0.013、－0.022、－0.031；模型（5.40）的结果显示，在1%的显著水平上，老年人的社会支持对多维相对贫困强度的影响显著为负，影响系数为－0.007。

表5.10 社会资本各要素对老年人多维相对贫困强度影响的回归结果

变量名称	模型(5.37)	模型(5.38)	模型(5.39)	模型(5.40)	模型(5.41)	模型(5.42)
	OLS	QR_{10}	QR_{25}	QR_{50}	QR_{75}	QR_{90}
核心解释变量							
社会网络	－0.016***	－0.008**	－0.014***	－0.016***	－0.017*	－0.026
	(0.005)	(0.004)	(0.004)	(0.004)	(0.009)	(0.019)
社会参与	－0.017***	－0.007***	－0.008***	－0.013***	－0.022***	－0.031***
	(0.002)	(0.001)	(0.001)	(0.002)	(0.003)	(0.007)
社会支持	－0.011***	－0.002	－0.004	－0.007***	－0.009	－0.011
	(0.004)	(0.003)	(0.002)	(0.003)	(0.006)	(0.011)
控制变量	已控制	已控制	已控制	已控制	已控制	已控制

续 表

变量名称	模型(5.37)	模型(5.38)	模型(5.39)	模型(5.40)	模型(5.41)	模型(5.42)
	OLS	QR_{10}	QR_{25}	QR_{50}	QR_{75}	QR_{90}
常数项	0.678***	0.214***	0.368***	0.616***	0.862***	1.159***
	(0.035)	(0.031)	(0.044)	(0.027)	(0.056)	(0.102)
R^2/伪R^2	0.2798	0.1360	0.1693	0.2064	0.2081	0.1298
N	3652	3652	3652	3652	3652	3652

注：模型(5.37)中括号内数据为稳健标准误，度量拟合优度的统计量为R^2；模型(5.38)到模型(5.42)中括号内数据为Bootstrap标准误，抽样次数为500，度量拟合优度的统计量为伪R^2；***、**、*分别表示在1%、5%、10%水平上显著。

与对应的模型(5.1)到模型(5.6)、模型(5.25)到模型(5.30)相比，社会网络、社会参与和社会支持的影响系数的绝对值也几乎都变小了，这意味着社会网络、社会参与和社会支持各自对老年人多维相对贫困强度的影响作用不及对多维相对贫困深度的影响作用，更不及对多维相对贫困程度的影响作用。

表5.11中的结果表明，模型(5.43)到模型(5.48)中社会资本指数的系数分别为－0.160、－0.078、－0.097、－0.131、－0.217、－0.303，社会资本指数对老年人多维相对贫困强度的影响在1%水平上都显著为负。与对应的模型(5.7)到模型(5.12)、模型(5.31)到模型(5.36)相比，各影响系数的绝对值也几乎都变小了，社会资本对老年人多维相对贫困强度的影响作用不及对多维相对贫困深度的影响作用，更不及对多维相对贫困程度的影响作用。其原因在于多维相对贫困程度衡量是否处于剥夺状态，多维相对贫困深度衡量的是贫困差距，而多维相对贫困强度衡量的是贫困老年人口内部的福利不平等程度，因此社会资本缓解老年人多维相对贫困强度的难度自然更大一些(谢家智和车四方，2017)。

表 5.11 社会资本对老年人多维相对贫困强度影响的回归结果

变量名称	模型(5.43)	模型(5.44)	模型(5.45)	模型(5.46)	模型(5.47)	模型(5.48)
	OLS	QR_{10}	QR_{25}	QR_{50}	QR_{75}	QR_{90}
核心解释变量						
社会资本指数	−0.160***	−0.078***	−0.097***	−0.131***	−0.217***	−0.303***
	(0.025)	(0.017)	(0.018)	(0.020)	(0.039)	(0.091)
控制变量	已控制	已控制	已控制	已控制	已控制	已控制
常数项	0.663***	0.223***	0.361***	0.594***	0.873***	1.142***
	(0.035)	(0.030)	(0.042)	(0.028)	(0.054)	(0.102)
R^2/伪R^2	0.2725	0.1328	0.1667	0.2018	0.2023	0.1241
N	3652	3652	3652	3652	3652	3652

注：模型(5.43)中括号内数据为稳健标准误，度量拟合优度的统计量为 R^2；模型(5.44)到模型(5.48)中括号内数据为 Bootstrap 标准误，抽样次数为 500，度量拟合优度的统计量为伪 R^2；*** 表示在 1% 水平上显著。

5.2.3 社会资本对老年人多维相对贫困程度影响的异质性分析

5.2.3.1 城乡异质性

相对贫困阶段，是农村扶贫和城镇扶贫并重的阶段，城镇也出现大量陷入相对贫困的人口。本书首先分析社会资本对老年人多维相对贫困程度影响的城乡异质性，表 5.12 中的回归结果显示：社会资本对农村老年人和城镇老年人的多维相对贫困程度的影响系数分别是−0.185、−0.197，且都在 1% 水平上显著，社会资本对城镇老年人多维相对贫困程度的影响高于农村老年人，这与张永奇等(2021)的研究结果类似。样本中，农村老年

人和城镇老年人的平均社会资本指数分别为 0.0681、0.0923,平均多维相对贫困程度分别为 0.3657、0.2397。此前,我国存在明显的城乡二元结构,受城乡社会经济发展差距的影响,城镇拥有较多的社会保障资源和较高的医疗卫生服务水平(方浩,2020),因此城镇老年人不仅拥有较高的社会资本,而且表现为较低的多维相对贫困程度。与农村老年人相比,城镇老年人占有较多的社会资源,而且社会经济地位相对较高,他们凭借自己的优势地位进一步获取了更多的资源,这就造成了社会资本的减贫作用在城乡之间也表现出"马太效应",社会资本扩大了城乡老年人的贫富差距。

表 5.12 社会资本对老年人多维相对贫困程度影响的城乡异质性

变量名称	农村	城镇
	模型(5.49)	模型(5.50)
核心解释变量		
社会资本指数	−0.185***	−0.197***
	(0.046)	(0.043)
控制变量	已控制	已控制
常数项	0.725***	0.693***
	(0.060)	(0.069)
F 值	32.78***	27.99***
R^2	0.1619	0.2285
N	2165	1487

注:模型(5.49)和模型(5.50)中括号内数据为稳健标准误;*** 表示在 1% 水平上显著。

5.2.3.2 区域异质性

本书接着分析社会资本对老年人多维相对贫困程度影响的区域异质性,表 5.13 中的回归结果显示:社会资本对西部地区老年人、中部地区老年人

和东部地区老年人的多维相对贫困程度的影响系数分别是 −0.134、−0.200、−0.277，且都在 5% 水平上显著，社会资本对东部地区老年人多维相对贫困程度的影响最高、中部地区老年人次之、西部地区老年人最低，这与谢沁怡(2017)的研究结果不同。样本中，西部地区老年人、中部地区老年人和东部地区老年人的平均社会资本指数分别为 0.0726、0.0790、0.0823，平均多维相对贫困程度分别为 0.3545、0.3044、0.2852。受我国区域社会经济发展差距的影响，东部地区老年人不仅拥有最高的社会资本，而且表现为最低的多维相对贫困程度；西部地区老年人则拥有最低的社会资本，而且表现为最高的多维相对贫困程度。出于同样的原因，社会资本的减贫作用在区域之间也表现出马太效应，社会资本也扩大了不同地区老年人之间的贫富差距。

表 5.13 社会资本对老年人多维相对贫困程度影响的区域异质性

变量名称	西部地区 模型(5.51)	中部地区 模型(5.52)	东部地区 模型(5.53)
核心解释变量			
社会资本指数	−0.134**	−0.200***	−0.277***
	(0.061)	(0.053)	(0.051)
控制变量	已控制	已控制	已控制
常数项	0.756***	0.785***	0.672***
	(0.073)	(0.094)	(0.074)
F 值	33.68***	25.70***	31.18***
R^2	0.2487	0.2056	0.2342
N	1201	1219	1232

注：模型(5.51)到模型(5.53)中括号内数据为稳健标准误；***、** 分别表示在 1%、5% 水平上显著。

5.2.3.3 年龄异质性

本书最后分析社会资本对老年人多维相对贫困程度影响的年龄异质性，

表 5.14 中的回归结果显示：社会资本对低龄(60～69 岁)老年人和中龄(70～79 岁)老年人的多维相对贫困程度的影响系数分别是 -0.205、-0.170,且都在 1% 水平上显著；对高龄(80 岁及以上)老年人的多维相对贫困程度的影响系数为 -0.152,但在统计意义上的影响不显著,社会资本对低龄老年人多维相对贫困程度的影响最高、中龄老年人次之,对高龄老年人没有显著影响。样本中,低龄老年人、中龄老年人和高龄老年人的平均社会资本指数分别为 0.0716、0.0852、0.0937,平均多维相对贫困程度分别为 0.3096、0.3144、0.3468。随着年龄的增加,老年人的社会参与水平下降,社会支持水平反而上升,整体上表现为社会资本拥有水平的增加,然而老年人参与各种经济活动的能力不断下降,各项健康功能状态也持续衰退,综合表现为多维相对贫困程度不断加重。因此,受年龄的限制,社会资本对年龄较大的老年人难以发挥其应有的作用,减贫作用不断减弱。

表 5.14 社会资本对老年人多维相对贫困程度影响的年龄异质性

变量名称	低龄老年人 (60～69 岁) 模型(5.54)	中龄老年人 (70～79 岁) 模型(5.55)	高龄老年人 (80 岁及以上) 模型(5.56)
核心解释变量			
社会资本指数	-0.205*** (0.043)	-0.170*** (0.051)	-0.152 (0.105)
控制变量	已控制	已控制	已控制
常数项	1.386*** (0.109)	0.450*** (0.141)	0.167 (0.326)
F 值	41.94***	39.56***	17.70***
R^2	0.2209	0.3042	0.3762
N	2136	1197	319

注：模型(5.54)到模型(5.56)中括号内数据为稳健标准误；*** 表示在 1% 水平上显著。

5.2.4 社会资本对老年人多维相对贫困程度影响的中介效应分析

根据跨期消费选择理论,老年人在退休之前通过辛勤的劳动赚取财富,一部分用来满足日常的生活消费,剩下的部分储蓄起来作为晚年的养老准备金,以保证整个生命周期消费曲线的平滑;在退休之后,老年人依靠之前的储蓄作为主要的生活来源,实现跨期消费的平滑。结合老年人的生活实践,本书以经济资本和消费支出为中介变量,建立结构方程模型,分析社会资本影响老年人多维相对贫困程度的机制。表 5.15 中的多重链式中介效应回归结果显示:模型(5.57a)中社会资本指数对经济资本的影响系数为 5.072,在 1% 的水平上显著为正,社会资本对老年人的经济资本有正向的影响;模型(5.57b)中社会资本指数和经济资本对消费支出的影响系数分别为 0.946、0.060,在 1% 的水平上都显著为正,社会资本和经济资本对老年人的消费支出有正向的影响;模型(5.57c)中社会资本指数、经济资本、消费支出对多维相对贫困程度的影响系数分别为 −0.149、−0.007、−0.014,在 1% 的水平上都显著为负,社会资本、经济资本和消费支出对老年人的多维相对贫困程度有负向的影响。上述结果初步说明经济资本和消费支出在社会资本对老年人的多维相对贫困程度的影响中起到多重链式中介作用。

表 5.15　社会资本对老年人多维相对贫困程度影响的中介效应回归结果

变量名称	模型(5.57)		
	经济资本	消费支出	多维相对贫困程度
	模型(5.57a)	模型(5.57b)	模型(5.57c)
核心解释变量			
社会资本指数	5.072***	0.946***	−0.149***
	(0.627)	(0.217)	(0.031)

续表

变量名称	模型(5.57)		
	经济资本	消费支出	多维相对贫困程度
	模型(5.57a)	模型(5.57b)	模型(5.57c)
中介变量			
经济资本		0.060***	−0.007***
		(0.007)	(0.001)
消费支出			−0.014***
			(0.002)
控制变量	已控制	已控制	已控制
常数项	1.879**	6.474***	0.869***
	(0.849)	(0.338)	(0.048)
误差方差	11.423***	1.571***	0.031***
	(0.235)	(0.087)	(0.001)
N	3652		

注：模型中括号内数据为Bootstrap标准误，抽样次数为500；***、**分别表示在1%、5%水平上显著。

表5.16为社会资本对老年人多维相对贫困程度影响的直接效应、间接效应与总效应。社会资本对老年人多维相对贫困程度的总效应在1%水平上显著，效应值为−0.205，95%置信区间为[−0.260，−0.142]，不包含0；直接效应在1%水平上显著，效应值为−0.149，占总效应的73.0%，95%置信区间为[−0.205，−0.087]，不包含0；间接效应在1%水平上显著，效应值为−0.055，占总效应的27.0%，95%置信区间为[−0.072，−0.039]，不包含0。间接效应中各个路径的影响也都在1%水平上显著，其中：社会资本→经济资本→多维相对贫困程度路径的效应值为−0.038，占总效应的18.4%，95%置信区间为[−0.050，−0.026]，不包含0；社

会资本→消费支出→多维相对贫困程度路径的效应值为-0.013，占总效应的6.6%，95%置信区间为[-0.022，-0.007]，不包含0；社会资本→经济资本→消费支出→多维相对贫困程度路径的效应值为-0.004，占总效应的2.1%，95%置信区间为[-0.007，-0.003]，不包含0。

表5.16 社会资本对老年人多维相对贫困影响的直接效应、间接效应与总效应

影响路径	效应值	Bootstrap 标准误	95% 置信区间	比重（%）
直接效应 社会资本→多维相对贫困程度	-0.149***	0.031	[-0.205，-0.087]	73.0
间接效应	-0.055***	0.008	[-0.072，-0.039]	27.0
社会资本→经济资本→ 多维相对贫困程度	-0.038***	0.007	[-0.050，-0.026]	18.4
社会资本→消费支出→ 多维相对贫困程度	-0.013***	0.004	[-0.022，-0.007]	6.6
社会资本→经济资本→消费 支出→多维相对贫困程度	-0.004***	0.001	[-0.007，-0.003]	2.1
总效应	-0.205***	0.031	[-0.260，-0.142]	100.0

注：Bootstrap抽样次数为500；*** 表示在1%水平上显著。

社会资本对老年人的多维相对贫困程度有直接的破解作用，在总效应中占据着主要位置，但是其间接效应同样不可忽略。正如Bourdieu所言，社会资本具有转换性的特点，它的功能之一便是可以较为容易地转换成其他形式的资本，比如经济资本。社会资本转换为经济资本的过程在熟人之间往往是互惠互利的，在陌生人之间则通常是有偿的。对于贫困老年人而言，社会资本可以帮助他们丰富收入来源、获得救济机会、提高自身经济收入。随着收入的增加，社会资本便成功地转换成为经济资本，经济资本基于其资本的属性对老年贫困也有直接的破解作用。此外，社会资本可以

通过直接促进消费或转换成经济资本进而增加消费支出的渠道来缓解老年贫困。有研究表明社会资本与攀比心理存在正向相关性，社会网络的扩大会强化攀比心理，具有地位显示功能的消费因此而提高（刘雯，2018）。社会资本也能缓解信贷约束，从而增加居民的消费支出。与经济资本一样，社会资本的增加也可以减少老年人的预防性储蓄，提高消费倾向和消费意愿，促进老年人消费，使老年人在消费时可以少些后顾之忧，不再为了节省花销开支而经常黜衣缩食。消费支出的增加又能从多个方面缓解老年贫困，比如增加对物质生活资料的购买和加大对健康的投资可以缓解物质贫困和健康贫困。

5.3 本章小结

本章主要分析社会资本对老年人多维相对贫困的影响。受本书所使用数据的限制，主要考察的是结构型社会资本，选取社会网络、社会参与、社会支持三个方面的指标，使用熵权法进行客观赋权来构建社会资本指数作为社会资本总量。

首先，建立多元线性回归模型和分位数回归模型分析社会资本各要素，即社会网络、社会参与、社会支持对老年人多维相对贫困程度的影响，研究结果表明社会网络、社会参与、社会支持对老年人的多维相对贫困程度都有显著的负向影响。同时，分析了社会资本指数对老年人多维相对贫困程度的影响，研究结果表明社会资本对老年人的多维相对贫困程度有显著的负向影响，而且可能表现为"益贫性"，即贫困程度越重，影响作用越大。但是，选取样本中社会资本的社区平均值（除自己外）作为工具变量建立工具变量线性回归模型和工具变量分位数回归模型进行内生性处理后，结果表明社会资本对贫困老年人的影响作用不及富裕老年人，社会资本扩大了老年人内部的贫富差距，表现为"马太效应"，即占有社会资源更多的老年

第5章 社会资本对中国老年人多维相对贫困程度的影响

人凭借自己的优势地位，进一步获取了更多的资源，从而表现为较轻的贫困程度。

接着，本章使用变异系数法对社会网络、社会参与、社会支持的权重进行客观的重新赋值，对核心解释变量进行替换，回归结果表明社会资本依然对老年人的多维相对贫困程度有显著的负向影响。将被解释变量替换为多维相对贫困深度和多维相对贫困强度后，结果表明社会网络、社会参与、社会支持对老年人的多维相对贫困深度和多维相对贫困强度都有显著的负向影响，社会资本指数同样对老年人的多维相对贫困深度和多维相对贫困强度都有显著的负向影响。社会资本对老年人多维相对贫困强度的影响作用不及对多维相对贫困深度的影响作用，更不及对多维相对贫困程度的影响作用，之所以如此是因为多维相对贫困程度衡量是否处于剥夺状态，多维相对贫困深度衡量的是贫困差距，而多维相对贫困强度衡量的是贫困老年人口内部的福利不平等程度，因此缓解的难度自然不一样。

然后，本章分城乡、分区域、分年龄进行异质性分析。结果表明社会资本对城镇老年人多维相对贫困程度的影响高于农村老年人；社会资本对东部地区老年人多维相对贫困程度的影响最高、中部地区老年人次之、西部地区老年人最低；社会资本对低龄老年人多维相对贫困程度的影响最高、中龄老年人次之，对高龄老年人没有显著影响。社会资本的减贫作用在城乡和区域之间也表现出"马太效应"，社会资本扩大了城乡老年人和不同地区老年人之间的贫富差距。

最后，本章基于跨期消费选择理论，结合老年人的生活实践，选取经济资本和消费支出作为中介变量，建立结构方程模型分析社会资本影响老年人多维相对贫困程度的机制。结果表明所有的影响路径都显著为负，经济资本和消费支出在社会资本对老年人的多维相对贫困程度的影响中起到多重链式中介作用。社会资本可以转换为经济资本后缓解老年人的多维相对贫困程度，也可以增加老年人的消费支出来缓解贫困，还可以转换为经济资本后再增加消费支出进而缓解贫困。

第6章　社会资本对中国老年人单维相对贫困状况的影响

第三章详细阐述了社会资本对老年人不同维度贫困的影响机理，第四章对老年人口的单维相对贫困状况进行了界定与分析，第五章从综合贫困的视角分析了社会资本对中国老年人口相对贫困的影响。本章从单维贫困的视角出发，分析社会资本对老年人单维相对贫困状况的影响、异质性及各个维度的不同影响机制。

6.1　模型构建

6.1.1　变量选取

6.1.1.1　被解释变量

本章在分析社会资本对收入相对贫困的影响时，被解释变量为老年人的收入相对贫困状况；在分析社会资本对物质相对贫困的影响时，被解释变量为老年人的物质相对贫困状况；在分析社会资本对健康相对贫困的影响时，被解释变量为老年人的健康相对贫困状况。各个被解释变量都按照"不贫困＝0、贫困＝1"的方式进行赋值。

6.1.1.2　核心解释变量

本章的核心解释变量为老年人的社会资本总量，即社会资本指数。

6.1.1.3 控制变量

控制变量包括性别、年龄、受教育程度、婚姻状况、民族、就业状况、医疗保险、养老保险、同住家庭成员数量、健在父母数量、健在孩子数量、城乡类型、地区类型。各个控制变量的赋值方式都与第五章中的赋值方式相同。

6.1.1.4 中介变量

在分析社会资本影响收入相对贫困的机制时，中介变量为经济资本；在分析社会资本影响物质相对贫困的机制时，中介变量为经济资本和消费支出；在分析社会资本影响健康相对贫困的机制时，中介变量为经济资本和休闲支出，休闲支出为老年人所在家庭人均一个月的文化娱乐活动支出与旅游支出之和。各个中介变量在实证分析中均进行对数化处理。

本章中各个变量的定义与数据统计见表6.1。样本中，有21.80%的老年人处于收入相对贫困状态，75.68%的老年人处于物质相对贫困状态，49.21%的老年人处于健康相对贫困状态。休闲支出的平均值为53.8417元/月，将其对数化处理的平均值为0.6697。其他变量的数据统计与第五章中的数据统计一致，在此不再赘述。

表6.1 变量定义与数据统计（二）

变量名称		变量定义	平均值	标准差	最小值	最大值
被解释变量	收入相对贫困状况	不贫困=0、贫困=1	0.2180	0.4129	0	1
	物质相对贫困状况	不贫困=0、贫困=1	0.7568	0.4290	0	1
	健康相对贫困状况	不贫困=0、贫困=1	0.4921	0.5000	0	1
解释变量	社会资本指数	连续变量	0.0780	0.0944	0	0.4757

续　表

变量名称		变量定义	平均值	标准差	最小值	最大值
控制变量	性别	女=0、男=1	0.4732	0.4993	0	1
	年龄	连续变量	69.1605	6.5998	60	95
	受教育程度	小学及以下=0 初中及以上=1	0.2533	0.4350	0	1
	婚姻状况	有配偶=0、无配偶=1	0.3086	0.4620	0	1
	民族	少数民族=0、汉族=1	0.9315	0.2526	0	1
	就业状况	未就业=0、在就业=1	0.1213	0.3265	0	1
	医疗保险	没有=0、有=1	0.9693	0.1724	0	1
	养老保险	没有=0、有=1	0.9044	0.2940	0	1
	同住家庭成员数量	连续变量	0.8732	1.4559	0	12
	健在父母数量	连续变量	0.2174	0.5284	0	4
	健在孩子数量	连续变量	2.9652	1.4493	0	11
	城乡类型	农村=0、城镇=1	0.4072	0.4914	0	1
	地区类型	西部地区 否=0、是=1	0.3289	0.4699	0	1
		中部地区 否=0、是=1	0.3338	0.4716	0	1
		东部地区 否=0、是=1	0.3373	0.4729	0	1

续　表

	变量名称	变量定义	平均值	标准差	最小值	最大值
中介变量	经济资本	对数化处理	6.0951	3.6077	0	14.8097
	消费支出	对数化处理	6.3707	1.4129	0	11.2898
	休闲支出	对数化处理	0.6697	1.7110	0	10.6375

数据来源：本书根据2018年CHARLS数据整理。

6.1.2　模型构建

6.1.2.1　二元Logit回归模型

本章首先建立二元Logit回归模型分析社会资本对老年人收入相对贫困状况、物质相对贫困状况、健康相对贫困状况的影响。各个模型分别如下：

$$\ln\left(\frac{IN\_RP_i}{1-IN\_RP_i}\right) = \varphi_{10} + \varphi_{11}SC_i + \sum \omega_{1j}Z_{ij} \quad (6.1)$$

式(6.1)中，SC_i 为第 i 个老年人的社会资本指数。IN_RP_i 表示第 i 个老年人陷入收入相对贫困的概率，$1-IN\_RP_i$ 表示第 i 个老年人不陷入收入相对贫困的概率，$\frac{IN\_RP_i}{1-IN\_RP_i}$ 表示陷入收入相对贫困的概率与不陷入收入相对贫困的概率的比值，被称为"发生比""几率比"或"相对风险"。$e^{\varphi_{11}}$、$e^{\omega_{1j}}$ 分别表示社会资本、控制变量各增加一个单位引起的发生比的变化倍数。

由于未被观测到的异质性使Logit模型无法像线性回归模型那样对系数直接进行比较，因此本书参照洪岩璧(2015)的研究采用"y^* 标准化"方法处理这一问题。这里以潜变量的方式来看待二分类变量，虽然观察到的被解释变量取值是1(表示"贫困")和0(表示"不贫困")，但可以将其表示成基于 $y^*_{IN\_RP}$ 的潜变量模型：

$$y^*_{IN\_RP_i} = \varphi^*_{10} + \varphi^*_{11} SC_i + \sum \omega^*_{1j} Z_{ij} + u_{1i} \qquad (6.2)$$

式（6.2）中，当 $y^*_{IN\_RP_i} > 0$ 时，$IN\_RP_i = 1$；当 $y^*_{IN\_RP_i} \leqslant 0$ 时，$IN\_RP_i = 0$。φ^*_{11}、ω^*_{1j} 分别表示社会资本、控制变量各变化一个单位后，被解释变量变化了多少个潜变量 $y^*_{IN\_RP_i}$ 的标准差单位，此时可以直接进行比较。u_{1i} 服从一个数学期望为 0、方差为 $\dfrac{\pi^2}{3}$ 的逻辑分布，记为 $L\left(0, \dfrac{\pi^2}{3}\right)$。

$$\ln\left(\frac{MA\_RP_i}{1-MA\_RP_i}\right) = \varphi_{20} + \varphi_{21} SC_i + \sum \omega_{2j} Z_{ij} \qquad (6.3)$$

$$y^*_{MA\_RP_i} = \varphi^*_{20} + \varphi^*_{21} SC_i + \sum \omega^*_{2j} Z_{ij} + u_{2i} \qquad (6.4)$$

式（6.3）中，MA_RP_i 表示第 i 个老年人陷入物质相对贫困的概率，$1-MA\_RP_i$ 表示第 i 个老年人不陷入物质相对贫困的概率，$\dfrac{MA\_RP_i}{1-MA\_RP_i}$ 表示陷入物质相对贫困的概率与不陷入物质相对贫困的概率的比值。式（6.4）中，当 $y^*_{MA\_RP_i} > 0$ 时，$MA\_RP_i = 1$；当 $y^*_{MA\_RP_i} \leqslant 0$ 时，$MA\_RP_i = 0$。其他参数的解释与收入相对贫困模型中的解释类似，下同。

$$\ln\left(\frac{HE\_RP_i}{1-HE\_RP_i}\right) = \varphi_{30} + \varphi_{31} SC_i + \sum \omega_{3j} Z_{ij} \qquad (6.5)$$

$$y^*_{HE\_RP_i} = \varphi^*_{30} + \varphi^*_{31} SC_i + \sum \omega^*_{3j} Z_{ij} + u_{3i} \qquad (6.6)$$

式（6.5）中，HE_RP_i 表示第 i 个老年人陷入健康相对贫困的概率，$1-HE\_RP_i$ 表示第 i 个老年人不陷入健康相对贫困的概率，$\dfrac{HE\_RP_i}{1-HE\_RP_i}$ 表示陷入健康相对贫困的概率与不陷入健康相对贫困的概率的比值。式（6.6）中，当 $y^*_{HE\_RP_i} > 0$ 时，$HE\_RP_i = 1$；当 $y^*_{HE\_RP_i} \leqslant 0$ 时，$HE\_RP_i = 0$。

6.1.2.2 广义结构方程模型

首先，以经济资本为中介变量，建立广义结构方程模型，分析社会资本影响老年人收入相对贫困状况的中介效应，模型如下：

$$EC_i = a_{10} + a_{11} SC_i + \sum b_{1j} Z_{ij} + v_{1i} \qquad (6.7)$$

$$IN\_RP_i = a_{20} + a_{21}SC_i + a_{22}EC_i + \sum b_{2j}Z_{ij} + v_{2i} \quad (6.8)$$

其中，EC_i 为第 i 个老年人的经济资本。式(6.7)为经济资本对社会资本的回归模型，式(6.8)为收入相对贫困状况对社会资本和经济资本的回归模型。

然后，以经济资本和消费支出为中介变量，建立广义结构方程模型，分析社会资本影响老年人物质相对贫困状况的多重链式中介效应，模型如下：

$$EC_i = a_{30} + a_{31}SC_i + \sum b_{3j}Z_{ij} + v_{3i} \quad (6.9)$$

$$CS_i = a_{40} + a_{41}SC_i + a_{42}EC_i + \sum b_{4j}Z_{ij} + v_{4i} \quad (6.10)$$

$$MA\_RP_i = a_{50} + a_{51}SC_i + a_{52}EC_i + a_{53}CS_i + \sum b_{5j}Z_{ij} + v_{5i}$$
$$(6.11)$$

其中，EC_i 为第 i 个老年人的经济资本，CS_i 为第 i 个老年人所在家庭的人均消费支出。式(6.9)为经济资本对社会资本的回归模型，式(6.10)为消费支出对社会资本和经济资本的回归模型，式(6.11)为物质相对贫困状况对社会资本、经济资本和消费支出的回归模型。

最后，以经济资本和休闲支出为中介变量，建立广义结构方程模型，分析社会资本影响老年人健康相对贫困状况的多重链式中介效应，模型如下：

$$EC_i = a_{60} + a_{61}SC_i + \sum b_{6j}Z_{ij} + v_{6i} \quad (6.12)$$

$$LS_i = a_{70} + a_{71}SC_i + a_{72}EC_i + \sum b_{7j}Z_{ij} + v_{7i} \quad (6.13)$$

$$HE\_RP_i = a_{80} + a_{81}SC_i + a_{82}EC_i + a_{83}LS_i + \sum b_{8j}Z_{ij} + v_{8i}$$
$$(6.14)$$

其中，EC_i 为第 i 个老年人的经济资本，LS_i 为第 i 个老年人所在家庭的人均休闲支出。式(6.12)为经济资本对社会资本的回归模型，式(6.13)为休闲支出对社会资本和经济资本的回归模型，式(6.14)为健康相对贫困状况对社会资本、经济资本和休闲支出的回归模型。

6.2 实证分析

6.2.1 社会资本对老年人单维相对贫困状况影响的实证分析

6.2.1.1 基准回归分析

本书建立二元 Logit 回归模型，分析社会资本对老年人不同维度相对贫困状况的影响。表 6.2 中模型(6.1)到模型(6.3)的回归结果显示：社会资本指数的发生比分别为 0.361、0.062、0.261，且都在 5% 的水平上显著，这表明社会资本指数每增加 1 个单位，老年人陷入收入相对贫困、物质相对贫困、健康相对贫困的几率比就分别变为原来的 0.361、0.062、0.261 倍，社会资本指数对老年人的收入相对贫困状况、物质相对贫困状况、健康相对贫困状况都有显著负向影响。

社会资本能够缓解老年人的收入相对贫困。社会资本促进收入增加的作用在王强(2019)、杨怡和王钊(2021)的研究中也得到了证实。对于老年人而言，社会资本是一种巩固自身资源和防止已有资源损失的有效手段。社会网络规模的扩大，增加了他人及社会对老年人的身份认同，基于这种身份的认同，老年人能从个人的社会网络关系中获取诸多经济收益。老年人通过积极地参与各种社会活动，能够获取到就业信息并扩大就业机会，实现退休后再就业，从而继续赚取工资收入。社会支持一方面加大了对老年人的社会保障，使老年人有机会享受多层次的养老保险；另一方面，节省了老年人的开支花销，使老年人有经济能力享受多层次的养老保险。总之，社会资本可以丰富老年人的收入来源，提高其收入多样性，这主要包括养老金收入的增加、社会的捐助救助、政府的转移支付和各项补助措施等。

社会资本也能够缓解老年人的物质相对贫困。有研究表明社会资本能

够有效降低居民发生消费贫困的概率(刘一伟和汪润泉，2017)，而消费贫困与老年人的物质相对贫困状况有显著的关联。规模较大的社会网络扩大了老年人获取各种收益的渠道，其中就包括物质生活资料。老年人不仅可以在个人积极地参与各种社会活动的过程中获取所需要的物质资源，例如参与有偿的劳动、志愿活动、互助行为等活动；而且老年人可以在家庭内部资源交换的过程中，接受家庭成员无偿转移的物质资源，这符合我国传统的孝道观念，或者基于某种家庭共识或协议与家庭成员交换需要的物质资源。此外，随着社会公益事业和福利事业的大力发展，老年人接受的社会支持水平得以大幅提升，大量社会公益机构和社会各界爱心人士为生活陷入困境的贫困老年群体捐赠物资，用以改善他们贫穷的生活。

社会资本还能够缓解老年人的健康相对贫困，这与王欢和张亮(2006)、边佳利(2021)的研究结果相一致。社会资本是老年人获取信息资讯的一种渠道，老年人通过主动收集健康知识或被动接受健康教育，一方面可以提高健康意识和健康素养，养成健康的生活习惯；另一方面端正对疾病的认识态度，了解疾病的防范措施和临床表现，降低自身罹患疾病的风险。如若不幸患病时，拥有较多社会资本的老年人通常能够享受到更加及时有效的诊断、治疗、康复、护理等医疗服务，并接受来自家人或护工等照料者的悉心照料，早日从疾病的痛苦中恢复过来。社会资本具有延缓老年人认知能力衰弱的作用，良好的认知能力能降低心理困扰、减少烦恼，进而对老年人的心理健康产生某种积极影响。社会资本的构建与积累，有利于老年人维持稳定的人际关系，使老年人更乐意与他人交流，从中得到更多的情感支持和精神慰藉，并拥有良好的生活心态。老年人在积极参加各种社会活动的过程中，既达到了强身健体的效果，延缓了身体生理机能的持续下降；也有助于增进社会交往，丰富休闲娱乐活动，缓解紧张与压力，排除负面情绪，获取正能量，提升获得感与满足感。紧密的社会网络和强有力的社会支持既能延缓老年人生理机能的不断衰退，它们带来的获得感也有益于老年人的心理健康，从而有助于缓解健康贫困。

各个控制变量中,年龄、婚姻状况、就业状况、养老保险、家庭成员数量、健在子女数量、城乡类型、中部地区对老年人的收入相对贫困状况有显著的影响;性别、年龄、受教育程度、婚姻状况、民族、就业状况、养老保险、家庭成员数量、健在父母数量、健在子女数量、城乡类型、中部地区、西部地区对老年人的物质相对贫困状况有显著的影响;性别、年龄、受教育程度、婚姻状况、民族、就业状况、养老保险、家庭成员数量、健在父母数量、健在子女数量、城乡类型、中部地区、西部地区对老年人的健康相对贫困状况有显著的影响。

表6.2 社会资本对老年人单维相对贫困状况影响的回归结果

变量名称	收入维度 模型(6.1)	物质维度 模型(6.2)	健康维度 模型(6.3)
核心解释变量			
社会资本指数	0.361**	0.062***	0.261***
	(−0.497)	(−1.195)	(−0.704)
控制变量			
性别 (女性)	0.902 (−0.050)	1.309*** (0.116)	0.594*** (−0.273)
年龄	0.942*** (−0.029)	0.977*** (−0.010)	0.992*** (−0.004)
受教育程度 (小学及以下)	0.841 (−0.084)	0.372*** (−0.425)	0.758*** (−0.145)
婚姻状况 (有配偶)	1.214* (0.094)	1.704*** (0.229)	1.181*** (0.087)
民族 (少数民族)	0.804 (−0.107)	0.612** (−0.211)	0.988** (−0.006)
就业状况 (未就业)	0.452*** (−0.388)	0.734** (−0.133)	0.784** (−0.128)

续　表

变量名称	收入维度 模型(6.1)	物质维度 模型(6.2)	健康维度 模型(6.3)
医疗保险	0.856	1.492	0.802
（没有）	(−0.076)	(0.172)	(−0.116)
养老保险	0.074***	0.572***	1.000***
（没有）	(−1.268)	(−0.240)	(0.000)
家庭成员数量	1.052*	0.918***	0.968***
	(0.025)	(−0.037)	(−0.017)
健在父母数量	1.032	0.705***	0.951***
	(0.015)	(−0.150)	(−0.026)
健在子女数量	1.086**	1.244***	1.037***
	(0.040)	(0.094)	(0.019)
城乡类型	0.634***	0.152***	0.552***
（农村）	(−0.222)	(−0.811)	(−0.312)
中部地区	0.828*	0.559***	0.850***
（西部地区）	(−0.092)	(−0.250)	(−0.085)
东部地区	1.089	0.428***	0.542***
（西部地区）	(0.042)	(−0.364)	(−0.322)
常数项	242.198***	111.414***	4.709***
$LR\ chi^2$	576.97***	1042.38***	285.04***
伪R^2	0.1507	0.2573	0.0563
N	3652	3652	3652

注：变量名称中括号内为参照组；模型(6.1)到模型(6.3)中各变量的第一行数据为发生比(OR)，括号内数据为基于y^*标准化的标准化系数；***、**、*分别表示在1%、5%、10%水平上显著。

本书同时分析了社会资本对老年人不同维度相对贫困状况在样本均值处的边际效应。表6.3中的结果表明社会资本指数在样本均值处的边际效应分别为－0.156、－0.393、－0.335，且都在5%的水平上显著，其含义是在核心解释变量和所有控制变量都取样本平均值时，社会资本指数每增加1个单位，老年人陷入收入相对贫困、物质相对贫困、健康相对贫困的概率就分别降低15.6%、39.3%、33.5%。

表6.3 社会资本对老年人单维相对贫困状况的边际效应

变量名称	收入维度	物质维度	健康维度
	模型(6.1)	模型(6.2)	模型(6.3)
核心解释变量			
社会资本指数	－0.156**	－0.393***	－0.335***
	(0.078)	(0.066)	(0.094)
控制变量	已控制	已控制	已控制

注：模型(6.1)到模型(6.3)中核心解释变量的第一行数据为样本均值处的边际效应，括号内数据为标准误；***、**分别表示在1%、5%水平上显著。

6.2.1.2 稳健性检验

(1)替换权重赋值方法

本部分采用第五章中介绍的变异系数法进行稳健性检验。表6.4中的稳健性检验结果表明：模型(6.4)到模型(6.6)中替换后的社会资本指数的发生比分别为0.320、0.048、0.232，且都在5%的水平上显著，这表明替换后的社会资本指数每增加1个单位，老年人陷入收入相对贫困、物质相对贫困、健康相对贫困的几率比就分别变为原来的0.320、0.048、0.232倍，说明上文得到的研究结果具有稳健性。

表6.4 基于变异系数法的社会资本对老年人单维相对贫困状况影响的回归结果

变量名称	收入维度	物质维度	健康维度
	模型(6.4)	模型(6.5)	模型(6.6)
核心解释变量			
社会资本指数	0.320**	0.048***	0.232***
	(－0.556)	(－1.307)	(－0.765)

第 6 章　社会资本对中国老年人单维相对贫困状况的影响

续　表

变量名称	收入维度	物质维度	健康维度
	模型(6.4)	模型(6.5)	模型(6.6)
控制变量	已控制	已控制	已控制
常数项	242.201***	112.206***	4.724***
$LR\ chi^2$	577.53***	1045.83***	286.07***
伪R^2	0.1508	0.2581	0.0565
N	3652	3652	3652

注：模型(6.4)到模型(6.6)中各变量的第一行数据为发生比(OR)，括号内数据为基于y^*标准化的标准化系数；***、**分别表示在1%、5%水平上显著。

(2)替换被解释变量

在基准回归模型中，当老年人的经济收入低于中位数的40%时，本书视为处于收入相对贫困状态；当老年人在物质维度的10个指标中有3个及以上指标处于相对剥夺状态时，视为处于物质相对贫困状态；当老年人处于身体健康剥夺状态或者心理健康剥夺状态(1个指标)时，视为处于健康相对贫困状态。此部分对上述界定标准进行调整，对被解释变量进行替换，继续进行稳健性检验。对于收入维度，分别替换为经济收入低于中位数的50%、60%；对于物质维度，分别替换为有4个及以上、5个及以上、6个及以上指标处于相对剥夺状态；对于健康维度，替换为老年人同时处于身体健康剥夺状态和心理健康剥夺状态(2个指标)。

表6.5中模型(6.7)和模型(6.8)的回归结果显示，社会资本指数的发生比分别为0.301、0.271，且都在5%水平下显著，不论采用50%标准，还是采用60%标准，社会资本依然对老年人的收入相对贫困状况有显著的负向影响。模型(6.9)到模型(6.11)的回归结果显示，社会资本指数的发生比分别为0.029、0.064、0.056，且都在1%水平下显著，不论是4个及以上指标处于剥夺状态，还是5个及以上或6个及以上指标处于剥夺状态，社会资本依然对老年人的物质相对贫困状况有显著的负向影响。模型

(6.12)的回归结果显示,社会资本指数的发生比为 0.257,但在统计学意义上不再显著,可能是健康相对贫困状况的这种界定标准过于苛刻,从侧面说明基准回归模型中健康相对贫困状况的界定标准更为合适。

表 6.5　替换被解释变量的社会资本对老年人单维相对贫困状况影响的回归结果

变量名称	收入维度		物质维度		健康维度	
	50%标准	60%标准	4个指标	5个指标	6个指标	2个指标
	模型(6.7)	模型(6.8)	模型(6.9)	模型(6.10)	模型(6.11)	模型(6.12)
核心解释变量						
社会资本指数	0.301**	0.271**	0.029***	0.064***	0.056***	0.257
	(−0.586)	(−0.638)	(−1.606)	(−1.294)	(−1.367)	(−0.715)
控制变量	已控制	已控制	已控制	已控制	已控制	已控制
常数项	312.119***	304.390***	9.012***	2.830*	0.630	0.008***
$LR\ chi^2$	576.67***	571.20***	1003.02***	829.30***	709.75***	66.81***
伪 R^2	0.1489	0.1455	0.2070	0.1638	0.1487	0.0399
N	3652	3652	3652	3652	3652	3652

注:模型(6.7)到模型(6.12)中各变量的第一行数据为发生比(OR),括号内数据为基于 y^* 标准化的标准化系数;***、**、* 分别表示在1%、5%、10%水平上显著。

6.2.2　社会资本对老年人单维相对贫困状况影响的异质性分析

6.2.2.1　社会资本对老年人收入相对贫困状况影响的异质性分析

(1)城乡异质性

本书首先分析了社会资本对老年人收入相对贫困状况影响的城乡异质

性。表6.6中的回归结果表明：模型(6.13)中社会资本指数的发生比为0.642，在统计学意义上不显著；模型(6.14)中社会资本指数的发生比为0.172，在5%水平上显著。社会资本对农村老年人的收入相对贫困状况没有显著的影响，仅对城镇老年人的收入相对贫困状况有显著的负向影响。社会资本促进农村老年人经济收入增加的渠道受阻，其原因可能在于：一方面，农村十分缺乏老年人的就业岗位，城镇则有相对较多的岗位面向老年人，包括一些公益性岗位；另一方面，农村老年人的参保意识逊于城镇老年人，能够领取经济回报的养老保险的覆盖范围不及城镇老年人。样本中农村老年人陷入收入相对贫困的比例为25.2%，高于城镇老年人(16.9%)，社会资本对老年人收入相对贫困的影响在城乡之间表现出"马太效应"。

表6.6 社会资本对老年人收入相对贫困状况影响的城乡异质性

变量名称	农村	城镇
	模型(6.13)	模型(6.14)
核心解释变量		
社会资本指数	0.642	0.172**
	(−0.217)	(−0.845)
控制变量	已控制	已控制
常数项	183.233***	206.451***
LR chi^2	340.15***	249.68***
伪 R^2	0.1392	0.1849
N	2165	1487

注：模型(6.13)到模型(6.14)中各变量的第一行数据为发生比(OR)，括号内数据为基于 y^* 标准化的标准化系数；***、** 分别表示在1%、5%水平上显著。

(2)区域异质性

本书接着分析了社会资本对老年人收入相对贫困状况影响的区域异质

性。表6.7中的回归结果表明：模型(6.15)和模型(6.16)中社会资本指数的发生比分别为0.978、0.288，在统计学意义上不显著；模型(6.17)中社会资本指数的发生比为0.182，在5%水平上显著。社会资本对中西部地区老年人的收入相对贫困状况没有显著的影响，仅对东部地区老年人的收入相对贫困状况有显著的负向影响。可能是因为东部地区经济相对发达，老年人的就业机会更多，社会保障待遇也相对较好，社会资本促进老年人经济收入增加的渠道更为通畅，因此社会资本对老年人收入相对贫困的影响在区域之间表现出"马太效应"。

表6.7 社会资本对老年人收入相对贫困状况影响的区域异质性

变量名称	西部地区	中部地区	东部地区
	模型(6.15)	模型(6.16)	模型(6.17)
核心解释变量			
社会资本指数	0.978	0.288	0.182**
	(−0.011)	(−0.612)	(−0.835)
控制变量	已控制	已控制	已控制
常数项	158.972***	451.006***	174.313***
LR chi^2	236.91***	153.90***	188.43***
伪 R^2	0.1775	0.1330	0.1424
N	1201	1219	1232

注：模型(6.15)到模型(6.17)中各变量的第一行数据为发生比(OR)，括号内数据为基于 y^* 标准化的标准化系数；***、** 分别表示在1%、5%水平上显著。

6.2.2.2 社会资本对老年人物质相对贫困状况影响的异质性分析

(1)城乡异质性

本书分析了社会资本对老年人物质相对贫困状况影响的城乡异质性。表6.8中的回归结果表明：模型(6.18)和模型(6.19)中社会资本指数的发

生比分别为 0.066、0.065，都在 1% 水平上显著；标准化系数分别为 −1.352、−1.292，标准化系数的绝对值在农村老年人中大于城镇老年人，表明社会资本对农村老年人的物质相对贫困状况的影响高于城镇老年人。样本中农村老年人陷入物质相对贫困的比例为 90.7%，远远高于城镇老年人(53.9%)；物质维度中，农村老年人平均有 5.3 个指标处于相对剥夺状态，而城镇老年人平均只有 3.3 个指标处于相对剥夺状态；农村老年人每个指标处于相对剥夺状态的比例都高于城镇老年人，其中有 5 个指标的差距都在 20 个百分点以上，从高到低排列依次是做饭主要燃料、冲水厕所、洗澡设施、空调、供暖设施。社会资本对老年人物质相对贫困的影响在城乡之间没有表现出"马太效应"，主要是因为农村老年人陷入物质相对贫困的比例过高，在三个维度中与城镇老年人的差距最大，农村老年人的物质生活状况较差、生活质量较低，农村老年人利用社会资本优先改善物质生活状况，因而社会资本缓解农村老年人物质相对贫困的作用就更加明显。

表 6.8 社会资本对老年人物质相对贫困状况影响的城乡异质性

变量名称	农村	城镇
	模型(6.18)	模型(6.19)
核心解释变量		
社会资本指数	0.066***	0.065***
	(−1.352)	(−1.292)
控制变量	已控制	已控制
常数项	4.793	70.718***
LR chi^2	125.91***	323.44***
伪 R^2	0.0938	0.1576
N	2165	1487

注：模型(6.18)到模型(6.19)中各变量的第一行数据为发生比(OR)，括号内数据为基于 y^* 标准化的标准化系数；*** 表示在 1% 水平上显著。

（2）区域异质性

本书接着分析了社会资本对老年人物质相对贫困状况影响的区域异质性。表6.9中的回归结果表明：模型（6.20）中社会资本指数的发生比为0.360，在统计学意义上不显著。模型（6.21）和模型（6.22）中社会资本指数的发生比分别为0.047、0.032，都在1%水平上显著；标准化系数分别为－1.376、－1.480，标准化系数的绝对值在东部地区老年人中大于中部地区老年人，表明社会资本对东部地区老年人的物质相对贫困状况的影响高于中部地区老年人，而对西部地区老年人的物质相对贫困状况没有显著的影响。样本中西部地区、中部地区、东部地区老年人陷入物质相对贫困的比例分别为84.7%、73.7%、68.8%，这与各个地区的经济发展状况相一致，一个地区的经济发展水平越高，老年人能够占有的潜在的社会资源也就越多，用来改善物质生活状况的效果就越好，社会资本对老年人物质相对贫困的影响在区域之间也表现出"马太效应"。

表6.9 社会资本对老年人物质相对贫困状况影响的区域异质性

变量名称	西部地区	中部地区	东部地区
	模型（6.20）	模型（6.21）	模型（6.22）
核心解释变量			
社会资本指数	0.360	0.047***	0.032***
	（－0.431）	（－1.376）	（－1.480）
控制变量	已控制	已控制	已控制
常数项	1062.016***	83.942***	15.450***
LR chi^2	291.73***	304.42***	386.97***
伪R^2	0.2836	0.2169	0.2531
N	1201	1219	1232

注：模型（6.20）到模型（6.22）中各变量的第一行数据为发生比（OR），括号内数据为基于y^*标准化的标准化系数；*** 表示在1%水平上显著。

第6章 社会资本对中国老年人单维相对贫困状况的影响

6.2.2.3 社会资本对老年人健康相对贫困状况影响的异质性分析

（1）城乡异质性

本书分析了社会资本对老年人健康相对贫困状况影响的城乡异质性。表6.10中的回归结果表明：模型(6.23)和模型(6.24)中社会资本指数的发生比分别为0.332、0.225，都在5%水平上显著；标准化系数分别为－0.581、－0.798，标准化系数的绝对值在城镇老年人中大于农村老年人，表明社会资本对城镇老年人的健康相对贫困状况的影响高于农村老年人。农村地区的基础公共设施建设与城镇差距较大，很多村庄的老年活动室处于闲置状态或者没有老年活动室，老年人的社会活动空间有限，社会参与类型较少且参与水平较低；农村的医疗卫生服务水平较低；而且，城镇老年人可以享受到居民和社区养老服务，接受到较高水平的社会支持，但很多农村缺乏养老服务，农村老年人接受的社会支持水平较低；等等。较高的社会参与水平和社会支持水平可以促进老年人的健康，故而农村老年人较低的社会资本决定了社会资本的健康促进效应不及城镇老年人。样本中农村老年人陷入健康相对贫困的比例为55.8%，高于城镇老年人（39.5%），社会资本对老年人健康相对贫困的影响在城乡之间也表现出"马太效应"。

表6.10 社会资本对老年人健康相对贫困状况影响的城乡异质性

变量名称	农村	城镇
	模型(6.23)	模型(6.24)
核心解释变量		
社会资本指数	0.332**	0.225***
	（－0.581）	（－0.798）
控制变量	已控制	已控制
常数项	5.632***	1.859
LR chi^2	148.38***	70.36***

续表

变量名称	农村	城镇
	模型(6.23)	模型(6.24)
伪R^2	0.0499	0.0353
N	2165	1487

注：模型(6.23)到模型(6.24)中各变量的第一行数据为发生比(OR)，括号内数据为基于y^*标准化的标准化系数；***、**分别表示在1%、5%水平上显著。

(2)区域异质性

本书最后分析了社会资本对老年人健康相对贫困状况影响的区域异质性。表6.11中的回归结果表明：模型(6.25)到模型(6.27)中社会资本指数的发生比分别为0.256、0.247、0.244，都在5%水平上显著；标准化系数分别为－0.717、－0.737、－0.749，标准化系数的绝对值在东部地区老年人中最高、中部地区次之、西部地区最低，表明社会资本对东部地区老年人的健康相对贫困状况的影响最高、中部地区老年人次之、西部地区老年人最低。根据健康因果理论，较高的社会资本与更高的健康水平有着密切的联系。样本中西部地区、中部地区、东部地区老年人陷入健康相对贫困的比例分别为56.5%、50.9%、40.5%，出于相同的原因，社会资本对老年人健康相对贫困的影响在区域之间也表现出"马太效应"。

表6.11 社会资本对老年人健康相对贫困状况影响的区域异质性

变量名称	西部地区	中部地区	东部地区
	模型(6.25)	模型(6.26)	模型(6.27)
核心解释变量			
社会资本指数	0.256**	0.247**	0.244**
	(－0.717)	(－0.737)	(－0.749)
控制变量	已控制	已控制	已控制

续 表

变量名称	西部地区 模型(6.25)	中部地区 模型(6.26)	东部地区 模型(6.27)
常数项	2.637	4.350	5.114*
$LR\ chi^2$	87.76***	84.22***	69.91***
伪R^2	0.0534	0.0498	0.0420
N	1201	1219	1232

注：模型(6.25)到模型(6.27)中各变量的第一行数据为发生比(OR)，括号内数据为基于y^*标准化的标准化系数；***、**、*分别表示在1%、5%、10%水平上显著。

6.2.3　社会资本对老年人单维相对贫困状况影响的中介效应分析

6.2.3.1　社会资本对老年人收入相对贫困状况影响的中介效应分析

本书在社会资本对老年人多维相对贫困程度的影响机制的框架内，具体分析社会资本对老年人各个维度相对贫困状况的不同影响机制。首先以经济资本为中介变量，建立结构方程模型，分析社会资本影响老年人收入相对贫困状况的机制。表6.12中的中介效应回归结果显示：模型(6.28a)中社会资本指数对经济资本的影响系数为5.073，在1%的水平上显著为正，社会资本能增加老年人的经济资本。模型(6.28b)中社会资本指数对收入相对贫困状况的影响系数为−0.094，但不显著；经济资本对收入相对贫困状况的影响系数为−0.006，在1%的水平上显著为负，经济资本对老年人的收入相对贫困状况有负向的影响。上述结果初步说明经济资本在社会资本对老年人的收入相对贫困状况的影响中起到中介作用。

表6.12 社会资本对老年人收入相对贫困状况影响的中介效应回归结果

变量名称	模型(6.28)	
	经济资本	收入相对贫困状况
	模型(6.28a)	模型(6.28b)
核心解释变量		
社会资本指数	5.073***	−0.094
	(0.627)	(0.065)
中介变量		
经济资本		−0.006***
		(0.002)
控制变量	已控制	已控制
常数项	1.879**	1.321***
	(0.849)	(0.102)
误差方差	11.423***	0.139***
	(0.235)	(0.004)
N	3652	

注：模型中各变量的第一行数据为系数，括号内系数为Bootstrap标准误，抽样次数为500；***、**分别表示在1%、5%水平上显著。

表6.13为社会资本对老年人收入相对贫困状况影响的直接效应、间接效应与总效应。社会资本对老年人收入相对贫困状况的总效应在5%水平上显著，效应值为−0.126，95%置信区间为[−0.242，−0.001]，不包含0；直接效应不显著，效应值为−0.094，占总效应的74.6%，95%置信区间为[−0.219，0.032]，包含0；间接效应在1%水平上显著，效应值为−0.032，占总效应的25.4%，95%置信区间为[−0.057，−0.016]，不包含0。

以上结果说明社会资本不直接缓解老年人的收入相对贫困，而是仅通过增加经济资本的途径缓解收入相对贫困，经济资本在社会资本对老年人

的收入相对贫困状况的影响中起到完全中介作用。其原因可能是老年人年龄较大,很大一部分已经不再适合继续从事工作,社会中与他们相匹配的工作岗位也比较有限,加之在再就业过程中也会面临就业单位的年龄歧视,因此社会资本对老年人的就业带动作用有限,由此直接增加经济收入的效果并不理想。社会资本可以转化为老年人的经济资本,经济实力的充实可以提高老年人对养老保险的购买能力和购买意愿并转化为购买实际,包括提高养老保险的保险费、增加养老保险的种类(比如商业养老保险),由此间接增加养老金收入的效果可能更为理想。

表6.13 社会资本对老年人收入相对贫困影响的直接效应、间接效应与总效应

影响路径	效应值	Bootstrap 标准误	95% 置信区间	比重 (%)
直接效应 社会资本→收入相对贫困状况	−0.094	0.065	[−0.219, 0.032]	74.6
间接效应 社会资本→经济资本→收入相对贫困状况	−0.032***	0.010	[−0.057, −0.016]	25.4
总效应	−0.126**	0.064	[−0.242, −0.001]	100.0

注:Bootstrap抽样次数为500;***、**分别表示在1%、5%水平上显著。

6.2.3.2 社会资本对老年人物质相对贫困状况影响的中介效应分析

本书接着以经济资本和消费支出为中介变量,建立结构方程模型,分析社会资本影响老年人物质相对贫困状况的机制。表6.14中的多重链式中介效应回归结果显示:模型(6.29a)中社会资本指数对经济资本的影响系数为5.072,在1%的水平上显著为正;模型(6.29b)中社会资本指数和经济资本对消费支出的影响系数分别为0.946、0.060,在1%的水平上都显著为正,社会资本和经济资本对老年人的消费支出有正向的影响;模型(6.29c)中社会资本指数、经济资本、消费支出对物质相对贫困状况的影响系数分别为−0.304、−0.013、−0.046,在1%的水平上都显著为负,社

会资本、经济资本和消费支出对老年人的物质相对贫困状况有负向的影响。上述结果初步说明经济资本和消费支出在社会资本对老年人的物质相对贫困状况的影响中起到多重链式中介作用。

表 6.14　社会资本对老年人物质相对贫困状况影响的中介效应回归结果

变量名称	模型(6.29)		
	经济资本	消费支出	物质相对贫困状况
	模型(6.29a)	模型(6.29b)	模型(6.29c)
核心解释变量			
社会资本指数	5.072***	0.946***	−0.304***
	(0.627)	(0.217)	(0.073)
中介变量			
经济资本		0.060***	−0.013***
		(0.007)	(0.002)
消费支出			−0.046***
			(0.005)
控制变量	已控制	已控制	已控制
常数项	1.879**	6.474***	1.533***
	(0.849)	(0.338)	(0.087)
误差方差	11.423***	1.571***	0.128***
	(0.235)	(0.087)	(0.003)
N	3652		

注：模型中各变量的第一行数据为系数，括号内系数为 Bootstrap 标准误，抽样次数为 500；***、** 分别表示在 1%、5% 水平上显著。

表 6.15 为社会资本对老年人物质相对贫困状况影响的直接效应、间接效应与总效应。社会资本对老年人物质相对贫困状况的总效应在 1% 水平上显著，效应值为 −0.430，95% 置信区间为 [−0.577，−0.290]，不包含 0；直接效应在 1% 水平上显著，效应值为 −0.304，占总效应的 70.7%，

95%置信区间为[−0.454,−0.164],不包含0;间接效应在1%水平上显著,效应值为−0.126,占总效应的29.3%,95%置信区间为[−0.162,−0.093],不包含0。间接效应中各个路径的影响也都在5%水平上显著,其中:社会资本→经济资本→物质相对贫困状况路径的效应值为−0.068,占总效应的15.8%,95%置信区间为[−0.098,−0.046],不包含0;社会资本→消费支出→物质相对贫困状况路径的效应值为−0.044,占总效应的10.2%,95%置信区间为[−0.066,−0.024],不包含0;社会资本→经济资本→消费支出→物质相对贫困状况路径的效应值为−0.014,占总效应的3.3%,95%置信区间为[−0.020,−0.009],不包含0。

表6.15 社会资本对老年人物质相对贫困影响的直接效应、间接效应与总效应

影响路径	效应值	Bootstrap标准误	95%置信区间	比重(%)
直接效应 社会资本→物质相对贫困状况	−0.304***	0.073	[−0.454,−0.164]	70.7
间接效应	−0.126***	0.017	[−0.162,−0.093]	29.3
社会资本→经济资本→ 物质相对贫困状况	−0.068***	0.013	[−0.098,−0.046]	15.8
社会资本→消费支出→ 物质相对贫困状况	−0.044***	0.011	[−0.066,−0.024]	10.2
社会资本→经济资本→消费 支出→物质相对贫困状况	−0.014**	0.002	[−0.020,−0.009]	3.3
总效应	−0.430***	0.073	[−0.577,−0.290]	100.0

注:Bootstrap抽样次数为500;*** 表示在1%水平上显著。

社会资本具有转换为其他形式资本的特点,其中就包括物质资本,老年人基于日常的社会关系网络和社会支持等可以获取到各种物质生活资料,包括接受无偿的赠与或物物的交换,物质生活资料的增加降低了发生物质相对贫困的风险。前文提到社会资本也能转换为经济资本,经济资本的增

加可以缓解老年人的物质相对贫困。社会资本也可以通过直接促进消费或转换成经济资本进而增加消费支出的渠道来缓解老年人的物质相对贫困。与经济资本一样，社会资本也能降低老年人的预防性储蓄，增加消费支出，用以购买各种物质生活资料。

6.2.3.3 社会资本对老年人健康相对贫困状况影响的中介效应分析

本书最后以经济资本和休闲支出为中介变量，建立结构方程模型，分析社会资本影响老年人健康相对贫困状况的机制。表6.16中的多重链式中介效应回归结果显示：模型(6.30a)中社会资本指数对经济资本的影响系数为5.073，在1%的水平上显著为正；模型(6.30b)中社会资本指数和经济资本对休闲支出的影响系数分别为2.169、0.046，在1%的水平上都显著为正，社会资本和经济资本对老年人的休闲支出有正向的影响；模型(6.30c)中社会资本指数、经济资本、休闲支出对健康相对贫困状况的影响系数分别为-0.225、-0.009、-0.015，在5%的水平上都显著为负，社会资本、经济资本和休闲支出对老年人的健康相对贫困状况有负向的影响。上述结果初步说明经济资本和休闲支出在社会资本对老年人的健康相对贫困状况的影响中起到多重链式中介作用。

表6.16 社会资本对老年人健康相对贫困状况影响的中介效应回归结果

变量名称	模型(6.30)		
	经济资本	休闲支出	健康相对贫困状况
	模型(6.30a)	模型(6.30b)	模型(6.30c)
核心解释变量			
社会资本指数	5.073***	2.169***	-0.225**
	(0.627)	(0.324)	(0.088)
中介变量			
经济资本		0.046***	-0.009***
		(0.008)	(0.002)

续 表

变量名称	模型(6.30)		
	经济资本	休闲支出	健康相对贫困状况
	模型(6.30a)	模型(6.30b)	模型(6.30c)
休闲支出			−0.015***
			(0.005)
控制变量	已控制	已控制	已控制
常数项	1.879**	−0.685**	0.869***
	(0.849)	(0.347)	(0.109)
误差方差	11.423**	2.541***	0.229***
	(0.235)	(0.101)	(0.002)
N	3652		

注：模型中各变量的第一行数据为系数，括号内系数为 Bootstrap 标准误，抽样次数为500；***、** 分别表示在1%、5%水平上显著。

表6.17为社会资本对老年人健康相对贫困状况影响的直接效应、间接效应与总效应。社会资本对老年人健康相对贫困状况的总效应在1%水平上显著，效应值为−0.308，95%置信区间为[−0.481，−0.136]，不包含0；直接效应在5%水平上显著，效应值为−0.225，占总效应的73.0%，95%置信区间为[−0.399，−0.042]，不包含0；间接效应在1%水平上显著，效应值为−0.083，占总效应的27.0%，95%置信区间为[−0.118，−0.048]，不包含0。间接效应中各个路径的影响也都在5%水平上显著，其中：社会资本→经济资本→健康相对贫困状况路径的效应值为−0.047，占总效应的15.4%，95%置信区间为[−0.072，−0.022]，不包含0；社会资本→休闲支出→健康相对贫困状况路径的效应值为−0.032，占总效应的10.5%，95%置信区间为[−0.057，−0.013]，不包含0；社会资本→经济资本→休闲支出→健康相对贫困状况路径的效应值为−0.003，占总效

应的1.1%，95%置信区间为[-0.007，-0.001]，不含0。

表6.17 社会资本对老年人健康相对贫困影响的直接效应、间接效应与总效应

影响路径	效应值	Bootstrap 标准误	95% 置信区间	比重（%）
直接效应 社会资本→健康相对贫困状况	-0.225**	0.088	[-0.399，-0.042]	73.0
间接效应	-0.083***	0.018	[-0.118，-0.048]	27.0
社会资本→经济资本→ 健康相对贫困状况	-0.047***	0.013	[-0.072，-0.022]	15.4
社会资本→休闲支出→ 健康相对贫困状况	-0.032***	0.011	[-0.057，-0.013]	10.5
社会资本→经济资本→休闲 支出→健康相对贫困状况	-0.003**	0.001	[-0.007，-0.001]	1.1
总效应	-0.308***	0.086	[-0.481，-0.136]	100.0

注：Bootstrap抽样次数为500；***、**分别表示在1%、5%水平上显著。

社会资本对于老年人的健康有直接的保护效应，可以降低发生健康相对贫困的风险。社会资本能转换为经济资本，经济资本的增加可以增加老年人对健康的投资，进而缓解健康相对贫困。社会资本也可以通过直接增加休闲支出或转换成经济资本进而增加休闲支出的渠道来缓解老年人的健康相对贫困。与经济资本一样，社会资本也能降低老年人的预防性储蓄，增加休闲支出，进而促进身心健康水平的提高。

6.3 本章小结

首先，本章建立二元 Logit 回归模型分析社会资本对老年人不同维度相对贫困的影响。研究结果表明社会资本对老年人的收入相对贫困状况、物质相对贫困状况、健康相对贫困状况均有显著的负向影响。在核心解释变量和所有控制变量都取样本平均值时，社会资本指数每增加 1 个单位，老年人陷入收入相对贫困、物质相对贫困、健康相对贫困的概率就分别降低 15.6%、39.3%、33.5%。

接着，本章使用变异系数法对核心解释变量进行替换，回归结果表明社会资本依然对老年人不同维度相对贫困状况有显著的负向影响。同时，也对被解释变量进行了替换，将收入维度分别替换为经济收入低于中位数的 50%、60%，将物质维度分别替换为有 4 个及以上、5 个及以上、6 个及以上指标处于相对剥夺状态，将健康维度替换为老年人同时处于身体健康剥夺状态和心理健康剥夺状态（2 个指标），继续进行稳健性检验，结果表明社会资本对老年人的收入相对贫困状况、物质相对贫困状况依然有显著的负向影响，而对健康相对贫困状况的影响不再显著，可能是因为替换后的健康相对贫困的标准过于苛刻。

然后，本章分城乡、分区域进行了异质性分析。社会资本对城镇老年人、东部地区老年人的收入相对贫困状况有显著的负向影响，在城乡和区域之间表现出"马太效应"。社会资本对农村老年人的物质相对贫困状况的影响高于城镇老年人，对东部地区老年人的影响高于中部地区老年人，对西部地区老年人则没有显著的影响，仅在区域之间表现出"马太效应"。社会资本对城镇老年人的健康相对贫困状况的影响高于农村老年人，对东部地区老年人的影响最高、中部地区老年人次之、西部地区老年人最低，在城乡和区域之间表现出"马太效应"。

最后，本章建立广义结构方程模型分析社会资本对老年人不同维度相对贫困状况的影响机制。以经济资本为中介变量，分析社会资本影响老年人收入相对贫困的机制，研究结果表明经济资本在社会资本对老年人的收入相对贫困状况的影响中起到完全中介作用。以经济资本和消费支出为中介变量，分析社会资本影响老年人物质相对贫困的机制，研究结果表明经济资本和消费支出在社会资本对老年人的物质相对贫困状况的影响中起到多重链式中介作用。以经济资本和休闲支出为中介变量，分析社会资本影响老年人健康相对贫困的机制，研究结果表明经济资本和休闲支出在社会资本对老年人的健康相对贫困状况的影响中起到多重链式中介作用。

第 7 章 结论与建议

7.1 研究结论

7.1.1 中国老年人相对贫困的特点

收入维度中，经济收入指标的剥夺比例为 21.80%。物质维度中，剥夺比例最高的两项指标依次是电脑（平板）和供暖设施，均超过了 80.00%；剥夺比例最低的两项指标依次是住房建筑结构和电视机，均不足 20.00%。健康维度中，身体健康指标的剥夺比例为 8.65%，心理健康指标的剥夺比例为 46.63%。

老年人的多维相对贫困程度平均为 0.3144，多维相对贫困发生率为 49.15%，平均剥夺份额为 0.4846，多维相对贫困指数为 0.2382。多维相对贫困指数的分解结果显示：城镇老年人的多维相对贫困发生率、多维相对贫困指数和贡献率都远远低于农村老年人，这主要是受我国目前城乡贫富差距较大的影响。多维相对贫困发生率、多维相对贫困指数和贡献率都表现为西部地区最高、中部地区次之、东部地区最低，这与我国目前阶梯式的区域经济发展格局相一致。不同年龄组老年人的多维相对贫困发生率差异不大；高龄老年人的多维相对贫困指数虽然最高，但贡献率最低；低龄老年人的多维相对贫困指数虽然最低，但贡献率最高。贡献率最高的两项指标依次为电脑（平板）和供暖设施；贡献率最低的两项指标依次为住房建筑结构和电视机；收入维度的贡献率为30.50%，物质维度的贡献率为38.15%，健康维度的贡献率为31.34%。

老年人收入相对贫困的发生率为21.80%，物质相对贫困的发生率为75.68%，健康相对贫困的发生率为49.21%，物质相对贫困和健康相对贫困已经成为贫困的主要类型。在所有的贫困模式中，收入－健康贫困型的贫困比例为1.51%，比例最低；物质－健康贫困型的贫困比例为30.12%，比例最高。

7.1.2 社会资本对中国老年人多维相对贫困程度的作用

社会资本各要素，即社会网络、社会参与、社会支持对中国老年人的多维相对贫困程度都有显著的负向影响。社会资本对中国老年人的多维相对贫困程度有显著的负向影响，社会资本作为潜在资源的集合，老年人可以通过社会网络、社会参与、社会支持等渠道获取收益来缓解贫困。在进行内生性处理后，研究结果表明社会资本对贫困老年人的影响作用不及富裕老年人，社会资本扩大了老年人内部的贫富差距，表现为"马太效应"，即占有社会资源更多的老年人凭借自己的优势地位，进一步获取了更多的资源，从而表现为较轻的贫困程度。

社会网络、社会参与、社会支持对老年人的多维相对贫困深度和多维相对贫困强度都有显著的负向影响，社会资本指数同样对老年人的多维相对贫困深度和多维相对贫困强度都有显著的负向影响。社会资本对老年人多维相对贫困强度的影响作用不及对多维相对贫困深度的影响作用，更不及对多维相对贫困程度的影响作用，之所以如此是因为多维相对贫困程度衡量是否处于剥夺状态，多维相对贫困深度衡量的是贫困差距，而多维相对贫困强度衡量的是贫困老年人口内部的福利不平等程度，因此缓解的难度自然不一样。

社会资本对城镇老年人多维相对贫困程度的影响高于农村老年人；社会资本对东部地区老年人多维相对贫困程度的影响最高、中部地区老年人

次之、西部地区老年人最低；社会资本对低龄老年人多维相对贫困程度的影响最高、中龄老年人次之，对高龄老年人没有显著影响。由于经济发展水平的不同，城乡之间、不同地区之间面临着较大的贫富差距。社会资本的减贫作用在城乡和区域之间也表现出"马太效应"，社会资本扩大了城乡老年人和不同地区老年人之间的贫富差距。

经济资本和消费支出在社会资本对老年人的多维相对贫困程度的影响中起到多重链式中介作用。社会资本可以转换为经济资本后缓解老年人的多维相对贫困程度，也可以增加老年人的消费支出来缓解贫困，还可以转换为经济资本后再增加消费支出进而缓解贫困。与经济资本一样，社会资本的增加也可以减少老年人的预防性储蓄，提高消费倾向和消费意愿，促进老年人消费，消费支出的增加又能从多个方面缓解老年贫困，比如增加对物质生活资料的购买和加大对健康的投资可以缓解物质贫困和健康贫困。

7.1.3 社会资本对中国老年人单维相对贫困状况的作用

社会资本对中国老年人的收入相对贫困状况、物质相对贫困状况、健康相对贫困状况均有显著的负向影响。在核心解释变量和所有控制变量都取样本平均值时，社会资本指数每增加1个单位，老年人陷入收入相对贫困、物质相对贫困、健康相对贫困的概率就分别降低15.6%、39.3%、33.5%。

社会资本对城镇老年人、东部地区老年人的收入相对贫困状况有显著的负向影响，在城乡和区域之间表现出"马太效应"。社会资本对农村老年人的物质相对贫困状况的影响高于城镇老年人，对东部地区老年人的影响高于中部地区老年人，对西部地区老年人则没有显著的影响，仅在区域之间表现出"马太效应"。社会资本对城镇老年人的健康相对贫困状况的影响高于农村老年人，对东部地区老年人的影响最高、中部地区老年人次之、西部地区老年人最低，在城乡和区域之间表现出"马太效应"。

经济资本在社会资本对老年人的收入相对贫困状况的影响中起到完全中介作用，可能是因为社会资本直接增加老年人经济收入的渠道受阻。经济资本和消费支出在社会资本对老年人的物质相对贫困状况的影响中起到多重链式中介作用,社会资本可以帮助老年人直接获取物质生活资料,也可以通过增加经济资本和消费支出的渠道购买物质生活资料。经济资本和休闲支出在社会资本对老年人的健康相对贫困状况的影响中起到多重链式中介作用,社会资本对老年人的健康状况有直接的保护效应,也可以通过增加经济资本和消费支出的渠道增加对健康的投资。

7.2 对策建议

7.2.1 老年人口社会资本培育机制

当前,我国老年人口面临着社会资本匮乏的问题,需要积极培育、夯实存量。由于本书只关注结构型社会资本,因此主要从扩大社会网络规模、提高社会参与水平、加大社会支持力度三个方面来阐述老年人口的社会资本培育机制。当然,也有研究表明积极培育社会信任等认知型社会资本对老年群体而言通常是有益的(杨金龙,2013)。

7.2.1.1 扩大社会网络规模

第一,随着年龄的增加,老年人的人际交往范围往往逐步缩小。因此,老年人应充分利用一切可利用的社会交往资源,主动扩大社会网络规模。将日常生活的活动范围由家庭持续向社区(邻里)和社会扩散,培养良好的人际交往关系,维系良好的社区(邻里)关系,从亲缘关系向地缘关系、业缘关系、趣缘关系等转变,壮大包含宗教、政党、兴趣等在内的社团网络规模(刘燕和纪晓岚,2013)。

第二,重视并充分发挥网络社群的积极作用。网络的出现打破了社会交往的物理距离限制,网络社群中的弱关系能为老年人带来丰富的多元化的信息。然而,当前老年人面临着日益明显的数字鸿沟和社会隔离问题,

政府、企业和家庭应共同推进数字适老化改造，构建一个包容和谐、老年友好的网络社群环境，以扩大老年人的网络社群规模，同时帮助老年人防范网络社群中的各项潜在风险(谢立黎等，2022)。

第三，政府要适时地推进民间组织自主性、自治化的发展。改革与完善民间组织的注册管理制度，营造有利于民间组织发展的制度环境与法律环境，加大对老年人结社自由权的保障力度，鼓励老年人加入各种民间组织继续发挥价值。民间组织要提升其组织管理能力和运行效率，要善于开发和利用各种资源，避免僵尸化(徐斐，2009)。

7.2.1.2 提高社会参与水平

第一，老年人应提高健康素养和健康意识，养成健康的生活习惯，保持良好的身心健康状态，以达到参加社会活动所需要的健康条件。老年人应主动转变生活观念，保持积极的社会心态，提高参加各种社会活动的积极性，促进自下而上的主动参与，以实现深度融入社会(李宗华，2009)。

第二，受年龄较大、身体状况较差、参与意愿较低等因素的影响，部分老年人在社会参与的过程中面临着诸多障碍的制约，应鼓励其家人、亲戚朋友和社会组织帮助老年人破除这些障碍，引导并协助老年人参加各种社团组织活动、休闲娱乐活动、体育锻炼活动、志愿活动、社交活动、益智活动等。营造老年友好的社会氛围，制定有效的社会政策消除老年歧视，加强老年人与社会的联系。

第三，随着我国人口老龄化进程的加速推进，老年人口数量在很长一段时间内仍将不断增加且保持较大的规模，与老年人相关的基础公共设施将会面临存量不足的问题。因此，应加强与老年人相关的基础公共设施建设，比如村老年活动室、村文化广场、社区老年活动中心等，要不断缩小城乡建设的差距。同时，要对老年人的居住环境、社区设施、出行道路等公共场所进行适老化改造，推行无障碍建设，方便老年人参与各项社会活动。

7.2.1.3 加大社会支持力度

第一，借助电视、报纸、新媒体等各种宣传渠道弘扬中华孝道传统美德,营造孝老敬老爱老的社会氛围(陈丽和邹鸣,2021)。在家庭养老功能逐渐式微的背景下,应制定相应的政策和制度,激励贫困老年人口的家庭承担养老责任、提供家庭支持,包括经济支持、生活照料等。例如,提供照料津贴、制定带薪照料重病老人的休假制度、实行弹性工作制等,鼓励家人提供照料(慈勤英和宁雯雯,2018)。

第二,要加大社会保障力度,并促进基本公共服务均等化,不断缩小城乡和区域差异。加强养老保障体系、养老服务体系的建设,降低老年人的养老负担和养老成本。加强医疗保障体系、老年健康服务体系、精神卫生服务体系的建设,降低老年人的医疗负担,加大健康支持力度。在提高养老、健康、医疗等社会支持服务质量的同时,也要不断丰富完善各项服务的内容与种类。尤其要加强基层养老机构、基层老年健康服务机构、基层医疗机构的建设,提高老年人享受以上各种社会支持服务的便利性与可及性。

第三,政府应要积极扶持和引导,加大对社会工作服务机构、社会公益组织等社会组织的培育力度,保证社会组织的独立性,结合老年工作实际和扶贫工作要求为社会组织制定长远发展规划,提升社会组织链接资源的能力和服务社会的能力(方志和黄荔,2020)。社会组织要定期向公众公开其内部治理、财务情况等具体信息,提高透明度,提升廉洁性,设计具有较强针对性的老年支持项目。

7.2.2 老年人口相对贫困治理机制

2021 年发布的《人类减贫的中国实践》提出,到 2035 年,相对贫困进一步缓解,共同富裕迈出坚实步伐;到 2050 年,全体人民共同富裕基本实现,中国向着实现全体人民共同富裕更高目标继续迈进。老年人口是相对贫困群体中的特殊人群,是实现共同富裕必不可少的组成部分。为此,我国需要建立健全财富储备机制、贫困识别机制、长效治理机制、政策衔接机制以缓解老年人口的相对贫困,进而逐步实现全体人民共同富裕。

7.2.2.1 建立健全财富储备机制是老年人口相对贫困治理的坚实基础

第一，稳步增加社会财富总量，做大蛋糕。坚持创新、协调、绿色、开放、共享的新发展理念，加快构建以国内大循环为主体、国内国际双循环相互促进的新发展格局，着力推进高质量发展，保持经济快速稳定增长，优化经济发展结构，加快产业结构调整升级，提高经济发展质量效益，持续改善就业环境，不断增加居民收入，促进经济发展与人口老龄化进程相适应，夯实应对人口老龄化的社会财富基础(新华社，2019)。

第二，社会财富向老年人倾斜，分好蛋糕。完善分配制度，构建初次分配、再分配、第三次分配协调配套的制度体系。优化政府、企业、居民之间的分配格局，鼓励家庭、个人建立养老财富储备。健全以税收、社会保障、转移支付等为主要手段的再分配调节机制，改善老年人的社会保障状况，加大对老年贫困群体的转移支付力度和精准性。重视发挥第三次分配作用，大力发展慈善、志愿服务等社会公益事业。完善中国特色社会救助体系，加大对老年贫困群体的救助力度。

7.2.2.2 建立健全贫困识别机制是老年人口相对贫困治理的必要前提

第一，合理构建老年多维相对贫困指标体系。树立多维相对贫困的治理理念，结合老年人口自身特点和社会经济发展状况，构建全国老年多维相对贫困指标体系并适时进行动态调整，指标体系应反映出老年人对美好生活的需要，包括收入、物质、健康、心理等多个维度。加强数字技术和智能技术等高新技术的应用，加快建设全国统一数据登记平台，实现各类数据互联互通，加强数据安全和质量管理，做好数据动态更新工作，以便更好地掌握老年人的相对贫困状况。

第二，科学制定老年多维相对贫困识别标准。识别标准的制定要符合我国老年人口相对贫困发展的客观规律、老年人口相对贫困治理的发展方向、维护老年人根本利益的原则。当前，我国城乡之间、不同省份之间发展不平衡的问题还将长期存在，老年相对贫困状况不尽相同，需依据各地老年人的实际状况和社会经济发展状况因地制宜探索制定"分省分城乡"的老年多维相对贫困识别标准。这个标准不是一成不变的，随着各地社会经济的发展，也需因时制宜科学地进行动态调整。

7.2.2.3 建立健全综合治理机制是老年人口相对贫困治理的重要手段

老年人口相对贫困的治理需面向多维贫困，建立综合性治理机制。第一，建立健全养老保障体系，扩大养老保险覆盖面，提高退休金和养老金待遇。第二，建立健全养老服务体系，满足老年人的各式养老需求，解决"养老难"问题。第三，建立健全老年健康服务体系，增加老年健康服务机构供给，提升老年人健康水平。第四，建立健全精神卫生服务体系，加大对老年人的精神慰藉，改善其精神状况。第五，建立健全"老有所学"的终身学习体系，大力发展老年教育，提高老年人的能力素质。第六，加快延迟退休政策实施，鼓励老年人再就业，增加其经济收入。第七，积极搭建平台，扩大社会活动空间，提高老年人的社会参与水平。第八，大力发展"银发经济"，推动老龄事业与产业发展，提高老年人生活质量。第九，加大政府兜底保障作用，加强扶贫政策的精准性与有效性。第十，完善与老年人相关的法律体系，切实保障老年人的合法权利。

总之，须从多方面出发，加强各方责任主体的联动，建立各项内容相辅相成的综合治理机制，以减少致贫因素、降低致贫风险、提高风险应对能力，进而减轻老年相对贫困程度、降低贫困脆弱性、提高抵挡贫困的韧性。

7.2.2.4 建立健全政策衔接机制是老年人口相对贫困治理的有效补充

第一，推动老年人口相对贫困治理与积极应对人口老龄化国家战略有效衔接。一方面，老年人及其家庭要牢固树立积极应对相对贫困的意识，提高主动脱贫能力。另一方面，国家与社会要持续出台积极应对老年人口相对贫困的政策与措施，提高政策脱贫效果和社会帮扶能力。

第二，推动老年人口相对贫困治理与区域协调发展战略有效衔接。一方面，促进区域协调发展，做大做强中西部地区的比较优势，逐步缩小与东部地区的发展差距。另一方面，继续坚持并完善东中西部对口协作机制，

提高东部地区对中西部地区的帮扶带动作用，加大对中西部地区老年人口相对贫困治理力度。

第三，推动老年人口相对贫困治理同乡村振兴战略有效衔接。加快城乡互促发展，统筹建立城乡一体化的扶贫体制，打破城乡分设和部门壁垒，缩小城乡社会经济发展差距，实现乡村全面振兴，现有财政相关转移支付继续倾斜支持农村脱贫地区，提高农村老年人口相对贫困治理能力（侯建明和周文剑，2022）。

7.2.3 社会资本减贫效应提升机制

7.2.3.1 多方参与积极培育老年人的社会资本

以政府为主导、老年贫困者为主体、多方参与构建"高整合－高链结"社会资本。所谓"高整合－高链结"是指贫困群体要想获取发展成果，就要把整合和链结协调在一起；强大的社群内部联系或高层次的整合，将非常有利于某些链结措施对它的补充。

第一，自实行改革开放以来，我国政府将工作重心放在了经济建设上，忽视了社会资本的培育。因此，政府需要发挥更加积极有效的主导作用，改革相关制度，破除老年人面临的各种社会障碍，防止由此导致的制度性贫困，为反贫困工作创造良好的宏观社会资本。

第二，建立以贫困者为主体多方参与的开放性的自组织机制，形成贫困者互助共济的关系网络。此外，加强自组织与市场、政府、社会组织的衔接互动，扩大老年贫困人群的社会关系网络，拓展信息网络，从而形成"高整合－高链结"的社会资本。

7.2.3.2 依赖社会资本形成反贫困瞄准机制

过去很长一段时间，政府主导的自上而下的推动战略在我国的扶贫战略中占据着主导地位，贫困群体自身对多数扶贫项目没有自主选择权，故不能很好地体现贫困群体的切实需要。因此，为使老年贫困群体充分行使知情权、主动权、管理权和受益权，可逐步推行由下至上的贫困对象主导

型的脱贫战略。

第一，依托贫困者为主体的自组织机制，让所有人有机会参与对穷人的鉴别过程，穷人也有权利确定他们受益的先后顺序。可以在贫困人口的基础上产生受援人员名单，并经大会讨论、调整、公示，自组织自身要加强监督，明确区分穷人的工作人员的职责。

第二，依托从事扶贫工作的非政府性质的社会组织，此类组织具有创新性强、规模较小等特点，与穷人具有天然的亲近性，可以针对特定的贫困对象实施个性化的定制扶贫方案，提高反贫困工作的效率，充分利用有限的资源使其发挥最大的作用(陈辞，2011)，能够有效降低社会资本的"马太效应"。

7.2.3.3 扩展老年人参与经济活动的空间

老年人在步入老年期之后，参与经济活动的能力显著下降，大部分老年人退出劳动队伍行列，经济收入减少，消费支出也随之出现下滑。社会资本不仅可以转化为经济资本，而且也可以促进消费。因此，要借助社会资本扩展老年人参与经济活动的空间。

第一，重视老年人作为生产者的角色(彭希哲和陈倩，2022)，促进老年人再就业，以增加其经济收入进而夯实其经济资本。加强老年人就业服务，为有劳动意愿的老年人提供职业介绍、职业技能培训和创新创业指导服务。健全相关法律法规和政策，保障老年人的劳动就业权益和创业权益，支持老年人依法依规从事经营和生产活动。

第二，重视老年人作为消费者的角色，大力发展银发经济，壮大老年用品产业。加强老年用品的研发与制造，大力开发满足老年人衣、食、住、行等需求的各式老年生活用品。同时，促进老年用品科技化、智能化升级，在老年用品领域深度应用人工智能、大数据、互联网等智能硬件和信息技术(国务院，2022)。依据因人制宜的原则，针对不同贫困类型的老年人，促进其不同类型的消费支出。例如，物质贫困的老年人增加其消费支出，健康贫困的老年人增加其休闲支出。

参考文献

Alcock P,1993. Understanding Poverty [M]. Washington,DC: The Macmillan Press Ltd.

Alkire S,Foster J,2011. Counting and Multidimensional Poverty Measurement [J]. Journal of Public Economics,95(7-8): 476-487.

Alvarez E C,Kawachi I,Romani J R,2017. Family Social Capital and Health: A Systematic Review and Redirection [J]. Sociology of Health & Illness,39(1): 5-29.

Andresen E M,Malmgren J A,Carter W B,et al.,1994. Screening for Depression in Well Older Adults: Evaluation of a Short Form of the CES-D (Center for Epidemiologic Studies Depression Scale) [J]. American Journal of Preventive Medicine,10(2): 77-84.

Bjorgvinsson T,Kertz S J,Bigda-Peyton J S,et al.,2013. Psychometric Properties of the CES-D-10 in A Psychiatric Sample [J]. Assessment,20(4): 429-436.

Bourdieu P,1980. Registered Capital [J]. Actes De La Recherche En Sciences Sociales(31): 2-3.

Burt R S,1992. Structural Holes: The Social Structure of Competition [M]. Cambridge,MA: Harvard University Press.

Chernozhukov V,Hansen C,2005. An IV Model of Quantile Treatment Effects [J]. Econometrica,73(1): 245-261.

Chernozhukov V,Hansen C,2006. Instrumental Quantile Regression

Inference for Structural and Treatment Effect Models [J]. Journal of Econometrics, 132(2): 491-525.

Coleman J S, 1988. Social Capital in the Creation of Human-Capital [J]. American Journal of Sociology, 94: S95-S120.

Colletta N, Cullen M, 2002. The Nexus between Violent Conflict, Social Capital and Social Cohesion: Case Studies from Cambodia and Rwanda [C]. Washington, DC: World Bank.

Collier P, 1998. Social Capital and Poverty [C]. Washington, DC: World Bank.

Degraaf N D, Flap H D, 1988. With a Little Help from My Friends: Social Resources as an Explanation of Occupational Status and Income in West Germany, the Netherlands, and the United States [J]. Social Forces, 67(2): 452-472.

Fuchs V R, 1967. Redefining Poverty and Redistributing Income [J]. Public Interest(8): 88-95.

Gilbert G, 1997. Adam Smith on the Nature and Causes of Poverty [J]. Review of Social Economy, 55(3): 273-291.

Grossman M, 1972. On the Concept of Health Capital and the Demand for Health [J]. Journal of Political Economy, 80(2): 223-255.

Harpham T, Grant E, Thomas E, 2002. Measuring Social Capital within Health Surveys: Key Issue [J]. Health Policy and Planning, 17(1): 106-111.

Havighurst R J, 1961. Successful Aging [J]. Gerontologist, 1(1): 8-13.

Katz S, Ford A B, Moskowitz R W, et al., 1963. Studies of Illness in the Aged-The Index of ADL: A Standardized Measure of Biologic and Psychosocial Function [J]. JAMA-Journal of the American Medical Association, 185(12): 914-919.

Koenker R, Bassett G, 1978. Regression Quantiles [J]. Econometrica, 46(1): 33-50.

Krishna A, 2000. Creating and Harnessing Social Capital, Social Capital: A Multifaceted Perspective [C]. Washington, DC: World Bank.

Lee AEY, Chokkanathan S, 2008. Factor Structure of the 10-item CES-D Scale among Community Dwelling Older Adults in Singapore [J]. International Journal of Geriatric Psychiatry, 23(6): 592-597.

Lee S, 2013. Factors Affecting Social Participation of the Elderly Living in Poverty [J]. The Korean Society of Community Living Science, 24(3): 343-354.

Lin N, 1999. Social Networks and Status Attainment [J]. Annual Review of Sociology, 25: 467-487.

Lu N, Xu S C, Zhang J Y, 2021. Community Social Capital, Family Social Capital, and Self-Rated Health among Older Rural Chinese Adults: Empirical Evidence from Rural Northeastern China [J]. International Journal of Environmental Research and Public Health, 18(11): 5516.

Lu N, Xu S C, Zhou Q H, 2020. Social Capital and Preferences for Aging in Place Among Older Adults Living in Rural Northeast China [J]. International Journal of Environmental Research and Public Health, 17(14): 5085.

Ma X Q, Wang J Q, Zhao L, et al., 2020. The Effects of Social Capital on Farmers' Wellbeing in China's Undeveloped Poverty-Stricken Areas [J]. China Agricultural Economic Review, 12(1): 108-121.

Nahapiet J, Ghoshal S, 1998. Social Capital, Intellectual Capital, and the Organizational Advantage [J]. Academy of Management review, 23(2): 242-266.

Newton K, 1999. Social Capital and Democracy in Modern Europe [M].

London: Routledge.

Nyqvist F, Forsman A K, Giuntoli G, et al., 2013. Social Capital as a Resource for Mental Well-Being in Older People: A Systematic Review [J]. Aging & Mental Health, 17(4): 394-410.

OECD Income Distribution Database. Terms of Reference OECD Project on the Distribution of Household Incomes 2017/18 Collection [EB/OL]. (2023-02-16). https://www.oecd.org/els/soc/IDD-ToR.pdf.

Peng Y, 2022. Multidimensional Relative Poverty of Rural Women: Measurement, Dynamics, and Influencing Factors in China [J]. Frontiers in Psychology, 13: 1024760.

Portes A, 1998. Social Capital: Its Origins and Application in Modern Sociology [J]. Annual Review of Sociology, 24: 1-24.

Portes A, 1995. The Economic Sociology of Immigration [M]. New York, NY: Russell Sage Foundation.

Putnam R, 1993. Making Democracy Work: Civic Traditions in Modern Italy [M]. Princeton, NJ: Princeton University Press.

Rowntree B S, 1901. Poverty: A Study of Town Life [M]. New York, NY: Macmillan.

Sen A, 1999. Development as Freedom [M]. Oxford: Oxford University Press.

Townsend P, 1979. Poverty in United Kingdom: A Survey of Household Resources and Standards of Living [M]. Berkeley, CA: University of California Press.

Uphoff N T, 1996. Learning from Gal Oya: Possibilities for Participatory Development and Post-Newtonian Social Science [M]. London: Intermediate Technology Publications.

Wen L M, Sun S F. Can China's New Rural Pension Scheme Alleviate the

Relative Poverty of Rural Households? An Empirical Analysis Based on the PSM-DID Method [J/OL]. Australian Economic Papers, 2023. [2023-03-07]. (2023-03-21). https://onlinelibrary.wiley.com/doi/full/10.1111/1467-8454.12295.

Wilkinson R G, Pickett K E, 2007. The Problems of Relative Deprivation: Why Some Societies Do Better than Others [J]. Social Science & Medicine, 65(9): 1965-1978.

Williams D, 2006. On and off the net: Scales for Social Capital in an Online Era [J]. Journal of Computer-Mediated Communication, 11(2): 11.

Woolcock M, Narayan D, 2000. Social Capital: Implications for Development Theory, Research, and Policy [J]. The World Bank Research Observer, 15(2): 225-249.

World Bank, 1990. World Development Report 1990: Poverty [R]. New York, NY: Oxford University Press.

Wu Y C, Guo Z L, Qi D, 2022. Analysis of the Effect of Social Capital on Rural Household Poverty [J]. Social Policy & Administration, 57(3): 333-348.

Yamamori T, 2019. The Smithian Ontology of "Relative Poverty": Revisiting the Debate between Amartya Sen and Peter Townsend [C]. 13th Biannual Conference of the International Network for Economic Methodology.

Zeng W H, Zhao P P, Zhao Y, et al., 2022. The Multidimensional Relative Poverty of Rural Older Adults in China and the Effect of the Health Poverty Alleviation Policy [J]. Frontiers in Public Health, 10: 793673.

Zhou W J, Hou J M, Sun M, et al., 2022. The Impact of Family Socioeconomic Status on Elderly Health in China: Based on the Frailty Index [J]. International Journal of Environmental Research and Public

Health，19(2)：968.

Zou W，Cheng X P，Fan Z Z，et al.，2023. Multidimensional Relative Poverty in China：Identification and Decomposition［J］. Sustainability，15(6)：4689.

［美］弗兰西斯·福山，1998. 信任——社会道德与繁荣的创造［M］. 李婉蓉，译. 呼和浩特：远方出版社：35.

［美］林南，2005. 社会资本——关于社会结构与行动的理论［M］. 张磊，译. 上海：上海人民出版社：28.

［印度］阿玛蒂亚·森，2001. 贫困与饥荒：论权利与剥夺［M］. 王宇，王文玉，译. 北京：商务印书馆.

白增博，汪三贵，周园翔，2020. 相对贫困视域下农村老年贫困治理［J］. 南京农业大学学报(社会科学版)，20(04)：68-77.

包亚明，1997. 布尔迪厄访谈录——文化资本和社会炼金术［M］. 上海：上海人民出版社：142.

本报评论员. 把解决相对贫困纳入乡村振兴战略［N］. 农民日报，2020-09-02(001).

边佳利，2021. 社会资本、收入差距与中国老年多维健康贫困［D］. 西北大学.

边恕，纪晓晨，2023. 社会资本对生育意愿的影响研究［J］. 财经问题研究，470(01)：120-129.

边燕杰，2004. 城市居民社会资本的来源及作用：网络观点与调查发现［J］. 中国社会科学，(03)：136-146＋208.

财政部. 全国推广家电下乡政策解答［EB/OL］.(2008-12-10).[2023-04-05]. http：//www.gov.cn/govweb/zwhd/2008-12/10/content_1174084.htm.

曾宪斌，2022. 人力资本、社会资本和政府转移支付对家庭多维相对贫困的影响及其机制研究［D］. 汕头大学.

柴琪，高博，刘祥，等，2021. 老年人家庭社会资本、社区信任与生命质量的关系[J]. 中国健康教育, 37(09): 788-791.

车四方, 舒维佳, 田庆刚, 2022. 社会资本、信贷约束与农户多维相对贫困[J]. 统计理论与实践, 523(11): 19-25.

车四方, 谢家智, 姚领, 2019. 社会资本、农村劳动力流动与农户家庭多维贫困[J]. 西南大学学报(社会科学版), 45(02): 61-73＋196.

车四方, 2019. 社会资本与农户多维贫困[D]. 西南大学.

陈辞, 2011. 社会资本视角下的反贫困瞄准机制研究[J]. 理论月刊(09): 65-67.

陈基平, 沈扬扬, 2021. 从关注生存需求到关注平衡发展——后2020我国农村向相对贫困标准转变的政策与现实意义[J]. 南京农业大学学报(社会科学版), 21(02): 73-84.

陈俊傲, 2012. 西藏林芝林牧区养老模式研究[D]. 华东理工大学.

陈丽, 邹鸣, 2021. 社会支持对老年人身心健康的影响研究——评《社会支持视角下农村老年人健康研究》[J]. 广东财经大学学报, 36(04): 113-114.

陈宁, 2020. 女性赋权与相对贫困治理[J]. 新视野(02): 41-47.

陈强, 2014. 高级计量经济学及Stata应用(第二版)[M]. 北京: 高等教育出版社: 509.

陈卫, 2022. 中国人口负增长与老龄化趋势预测[J]. 社会科学辑刊, 262(05): 133-144.

陈馨, 杨静, 白忠良, 等, 2020. 社会网络对农村社区老年人身心健康的影响[J]. 中国农村卫生事业管理, 40(03): 215-220.

陈宗胜, 沈扬扬, 周云波, 2013. 中国农村贫困状况的绝对与相对变动——兼论相对贫困线的设定[J]. 管理世界, 232(01): 67-75＋77＋76＋187-188.

程威特, 吴海涛, 江帆, 2021. 城乡居民家庭多维相对贫困的测度与分解[J]. 统计与决策, 37(08): 68-72.

慈勤英, 宁雯雯, 2018. 家庭养老弱化下的贫困老年人口社会支持研究[J].

中国人口科学，(04)：68-80+127.

慈勤英，2016. 家庭养老：农村养老不可能完成的任务[J]. 武汉大学学报（人文科学版），69(02)：12-15.

邓婷鹤，2019，毕洁颖，聂凤英. 中国农村老年人多维贫困的测量与识别研究——基于收入贫困与多维贫困视角[J]. 统计与信息论坛，34(09)：121-128.

邓小平，1994. 邓小平文选（第一卷）[M]. 北京：人民出版社：102.

樊露露，2022. 福建山区相对贫困农户多维贫困测度及其影响因素研究[J]. 农业与技术，42(24)：157-162.

方浩，2020. 社会资本对城乡老年人健康影响的实证研究——基于CGSS混合截面数据[J]. 华中农业大学学报（社会科学版），146(02)：88-97+166.

方然，2014. "社会资本"的中国本土化定量测量研究[M]. 北京：社会科学文献出版社：37-42.

方志，黄荔，2020. 贫困农户社会资本的结构性缺陷及培育策略[J]. 农业经济，403(11)：83-84.

冯雪琴，郝东明，车延，2021. 社会资本对居民家庭收入代际传递的影响——基于CFPS2018调查数据分析[J]. 统计与管理，36(11)：103-109.

冯怡琳，邸建亮，2017. 对中国多维贫困状况的初步测算——基于全球多维贫困指数方法[J]. 调研世界(12)：3-7+52.

甘晓成，蔡瑶瑶，肖鸿波，2023. 中国多维相对贫困测度及其分布动态演进[J]. 统计与决策，39(06)：50-55.

高红，王光臣，2022. 社会资本与农村中老年人主观幸福感——基于CHARLS数据的分层线性模型分析[J]. 重庆理工大学学报（社会科学），36(06)：123-134.

高灵芝，2004. 老年弱势群体社会支持体系的分析与思考[J]. 社会科学战线，(6)：261-263.

高明，李小云，李鹏，2021. 全面脱贫后农村多维贫困测量研究[J]. 农村经济，465(07)：34-41.

高强，孔祥智，2020. 论相对贫困的内涵、特点难点及应对之策[J]. 新疆师范大学学报（哲学社会科学版），41(03)：120-128＋2.

高月，王卓，2021. 中国老年人口相对贫困的影响因素研究——基于2015年中国综合社会调查数据[J]. 中国西部(01)：69-82.

龚新蜀，赵贤，董依婷，2023. 数字经济、数字鸿沟与农村多维相对贫困[J]. 现代财经（天津财经大学学报），43(02)：20-35.

桂勇，黄荣贵，2008. 社区社会资本测量：一项基于经验数据的研究[J]. 社会学研究(03)：122-142＋244-245.

郭建宇，吴国宝，2012. 基于不同指标及权重选择的多维贫困测量——以山西省贫困县为例[J]. 中国农村经济，326(02)：12-20.

郭强，2022. 中国共产党反贫困理论及政策演进的百年历程[J]. 行政科学论坛，9(11)：24-29.

郭毅，罗家德，2007. 社会资本与管理学[M]. 上海：华东理工大学出版社：12-13.

郭云南，姚洋，Jeremy F，2014. 宗族网络与村庄收入分配[J]. 管理世界，244(01)：73-89＋188.

国家统计局，2021. 2021中国统计年鉴[M]. 北京：中国统计出版社.

国家卫生健康委. 2021年我国卫生健康事业发展统计公报[EB/OL].[2022-07-12].（2023-01-08）. http：//www. nhc. gov. cn/cms-search/xxgk/getManuscriptXxgk. htm? id＝51b55216c2154332a660157abf28b09d.

国务院. 国务院关于印发"十四五"国家老龄事业发展和养老服务体系规划的通知［EB/OL］.［2022-02-21］.（2023-05-18）. http：//www. gov. cn/zhengce/content/2022/02/21/content_5674844. htm.

韩俊，2018. 破除城乡二元结构，走城乡融合发展道路[J]. 理论视野，225(11)：5-8.

何家军，朱乾宇，2016. 三峡农村移民相对贫困影响因素的实证分析——基于湖北库区的调查[J]. 调研世界(10)：23-27.

贺寨平，2014. 社会资本对城市贫困人口收入的影响——基于分位数回归的分析[J]. 天津师范大学学报(社会科学版)(04)：57-61.

贺志武，胡伦，2018. 社会资本异质性与农村家庭多维贫困[J]. 华南农业大学学报(社会科学版)，17(03)：20-31.

洪岩璧，2015. Logistic 模型的系数比较问题及解决策略：一个综述[J]. 社会，35(4)：220-241.

侯建明，周文剑，2022. 共同富裕进程中我国老年相对贫困治理研究[J]. 学习与探索(12)：37-41.

侯志阳，2010. 社会资本与农民的生活质量研究[J]. 华侨大学学报(哲学社会科学版)，88(03)：118-124.

胡金焱，2015. 民间借贷、社会网络与贫困脆弱性[J]. 山东师范大学学报(人文社会科学版)，60(04)：17-27.

胡伦，陆迁，杜为公，2018. 社会资本对农民工多维贫困影响分析[J]. 社会科学，460(12)：25-38.

胡荣，黄倩雯，2019. 社会资本、休闲方式与老年人的心理健康[J]. 湖南社会科学(01)：51-58.

黄承伟，王小林，徐丽萍，2010. 贫困脆弱性：概念框架和测量方法[J]. 农业技术经济(08)：4-11.

黄庆波，王晓华，陈功，2015. 10 项流调中心抑郁自评量表在中国中老人群中的信效度[J]. 中国健康心理学杂志，23(07)：1036-1041.

季琳欢，2021. 2020 年后我国相对贫困治理的战略转型研究[J]. 商业经济(09)：159-161.

贾玮，黄春杰，2023. 中国农村多维相对贫困的测度及其时空特征分析[J]. 统计与决策，39(03)：88-92.

江永良，孟霞，2012. 社区社会资本与信访实例分析[J]. 湖北社会科学，

306(06)：43-47.

姜晓萍，郑时彦，2022. 借鉴与超越：中国相对贫困话语体系的理论源流与内涵转换[J]. 社会科学研究(04)：1-12.

蒋永穆，何媛，2022. 中国共产党百年反贫困的历程、特征与展望[J]. 人文杂志(01)：14-23.

金炳华，2003. 马克思主义哲学大辞典[M]. 上海：上海辞书出版社：437-438.

金光照，陶涛，2022. 老为何所困，老因何而贫：新时代老年人口多维贫困及其影响因素研究——基于2018年CLASS数据的实证分析[J]. 人口与发展，28(02)：70-81.

黎民，张小山，2005. 西方社会学理论[M]. 武汉：华中科技大学出版社：86-87.

李波，苏晨晨，2021. 深度贫困地区相对贫困的空间差异与影响因素——基于西藏和四省涉藏县域的实证研究[J]. 中南民族大学学报（人文社会科学版），41(04)：37-44.

李聪，王悦，王磊，2022. 农村多维相对贫困的性别差异研究——基于家庭内部资源分配的视角[J]. 管理学刊，35(04)：65-79.

李鸿雁，金小雨，马静，2022. 黄河流域上游地区相对贫困空间分布特征及影响因素分析[J]. 当代经济，39(12)：38-46.

李甲森，冯星淋，2016. 基于多水平模型的社会资本对中老年人健康的影响研究[J]. 医学与社会，29(12)：4-7.

李甲森，冯星淋，2017. 社会资本对中国中老年慢性病患者健康的影响[J]. 中国社会医学杂志，34(06)：559-563.

李建新，2007. 老年人口生活质量与社会支持的关系研究[J]. 人口研究，165(03)：50-60.

李静，高晓彩，2020. 社会网络视角下人际信任对心理健康的影响[J]. 甘肃社会科学，(04)：68-73.

李竞能，2004. 现代西方人口理论[M]. 上海：复旦大学出版社：198.

李敏，李豆，2015. 基于社会资本视角的农村居民收入差距研究[J]. 世界农业，439(11)：219-222.

李强，2008. 社会分层十讲[M]. 北京：社会科学文献出版社：42-43.

李琴，赵锐，张同龙，2022. 农村老年人丧偶如何影响健康？——来自CHARLS数据的证据[J]. 南开经济研究(02)：157-176.

李珊珊，刘泽琦，2023. 社会资本能否影响农民工职业流动——基于阶层变动视角的分析[J]. 中国地质大学学报(社会科学版)，23(02)：120-133.

李实，李玉青，李庆海，2020. 从绝对贫困到相对贫困：中国农村贫困的动态演化[J]. 华南师范大学学报(社会科学版)(06)：30-42+189.

李丝雨，2018. 不同社会资本要素对生活满意度的影响研究——基于CGSS2013数据的分析[J]. 经济研究导刊，386(36)：170-171+177.

李文川，2014. 都市老年人社会支持与锻炼绩效的相关性[J]. 上海体育学院学报，38(03)：30-35+45.

李晓峰，李珊珊，2020. 社会资本和人力资本影响农民工的就业稳定性吗？[J]. 北京联合大学学报(人文社会科学版)，18(04)：96-105.

李扬萩，高博，张敏，2022. 社会资本与老年人健康相关行为的关联分析[J]. 中国健康教育，38(05)：398-402.

李英武，张雪儿，钟舒婕，2021. 社会支持对老年群体生存质量的影响：希望与孤独感的中介作用[J]. 华南师范大学学报(社会科学版)(02)：128-136+207.

李莹，于学霆，李帆，2021. 中国相对贫困标准界定与规模测算[J]. 中国农村经济(01)：31-48.

李宗华，2009. 近30年来关于老年人社会参与研究的综述[J]. 东岳论丛，30(08)：60-64.

梁海兵，陈海敏，2021. 农民工何以长期续留城市？——基于社会资本的收入回报与投资反馈的考察[J]. 农村经济，468(10)：35-43.

梁文凤，赵利春，2021. 相对贫困视域下农村老年人反贫困制度构建[J]. 求实，462(04)：98-108+112.

林瑜胜，2018. 社会资本、宗教信仰与社会关系——以曲阜市农村老年人宗教信仰调查为例[J]. 世界宗教研究，171(03)：24-36.

刘传江，周玲，2004. 社会资本与农民工的城市融合[J]. 人口研究(05)：12-18.

刘桂莲，2024. 相对贫困的国际测量方法、运行实践及启示[J]. 北京航空航天大学学报(社会科学版)，37(01)：92-100.

刘洪，张想想，2022. 相对贫困：内涵特征、多维困境与研究展望[J]. 世界农业(06)：66-76.

刘佳，2016. 社会资本与女大学生自主创业[J]. 当代青年研究，342(03)：75-79.

刘晶晶，2021. 社会资本对农户相对贫困的影响路径研究[D]. 山东财经大学.

刘澜涛，2021. 消费分层背景下社会资本、金融素养与消费倾向变动——基于CHFS微观数据库的实证[J]. 商业经济研究(06)：53-56.

刘敏，2013. 社会资本的生成及减贫效应[M]. 北京：社会科学文献出版社.

刘佩，孙立娟，2022. 中国老年人多维相对贫困测度与识别研究[J]. 经济与管理评论，38(01)：137-150.

刘瑞平，李建新，2022. 童年逆境对中老年人健康的影响——基于死亡选择性处理的研究[J]. 云南民族大学学报(哲学社会科学版)，39(06)：66-75.

刘素素，欧阳铮，王海涛，2016. 老年人的社会关系研究概述：基于护航模型的视角[J]. 人口与发展，22(05)：90-97.

刘涛，2022. 社会资本对不同农民工群体务工收入异质性影响研究[J]. 河南大学学报(社会科学版)，62(06)：43-47+153.

刘雯,2018. 收入差距、社会资本与农户消费[J]. 中国农村经济,402(06):84-100.

刘燕,纪晓岚,2013. 老年人社会网络规模及结构研究——兼论独生子女家庭的养老困境[J]. 大连理工大学学报(社会科学版),34(03):71-76.

刘洋洋,孙鹃娟,2018. 中国老年人贫困特征及其影响因素分析[J]. 统计与决策,34(14):95-98.

刘一伟,汪润泉,2017. 收入差距、社会资本与居民贫困[J]. 数量经济技术经济研究,34(09):75-92.

刘雨桐,2014. 市场化转型中社会资本对相对贫困的影响研究——基于CGSS微观数据城市样本的实证分析[J]. 当代经济,343(07):130-136.

刘愿理,廖和平,蔡拔林,等,2022. 基于不同生计类型的农户多维相对贫困测度与影响机理[J]. 中国人口·资源与环境,32(05):165-175.

刘自敏,邓明艳,崔志伟,等,2020. 能源贫困对居民福利的影响及其机制:基于CGSS数据的分析[J]. 中国软科学(08):143-163.

罗必良,2020. 相对贫困治理:性质、策略与长效机制[J]. 求索(06):18-27.

罗平汉,2019. 党在社会主义革命和建设时期的奋斗历程及启示[J]. 机关党建研究(11):32-35.

马得勇,2009. 东亚地区社会资本研究[M]. 天津:天津人民出版社:11.

马瑜,吕景春,2022. 中国城乡弱相对贫困测算及时空演变:2012—2018[J]. 人口与经济(01):58-73.

马铮,2021. 社会资本、家庭生命周期与农户多维贫困[J]. 统计与决策,37(03):5-9.

毛泽东,1977. 毛泽东选集(第五卷)[M]. 北京:人民出版社:179.

孟海勤,郭佳旗,2022. 中国城市老年人社会资本与生活满意度的关系——基于上海市的实证研究[J]. 社会建设,9(04):60-71.

苗红娜,2015. 社会资本研究:分类与测量[J]. 重庆大学学报(社会科学版），21(06)：123-131.

牛文涛，贾丽娟，姜润鸽，等，2022.建党百年来老年农民贫困治理的中国逻辑[J].中国经济问题(05)：25-39.

彭希哲，陈倩，2022.中国银发经济刍议[J].社会保障评论，6(04)：49-66.

彭忠益，万国威，2008.发展与社会参与：解构城市新贫困社群福利供给的危机——关于湖南省长沙市城市弱势群体权益保护状况的反思[J].昆明理工大学学报(社会科学版)，8(12)：52-57.

齐良书，2011.新型农村合作医疗的减贫、增收和再分配效果研究[J].数量经济技术经济研究，28(08)：35-52.

乔晓春，李建民，陈卫，等，2000.人口学教程[M].北京：人民教育出版社：296.

乔晓春，张恺悌，孙陆军，等，2005.对中国老年贫困人口的估计[J].人口研究(02)：8-15+96.

秦海林，高軼玮，2019.社会资本、消费行为选择与消费升级——基于CFPS(2016)的实证检验[J].消费经济，35(06)：70-82.

秦楼月，2022.相对贫困治理的路径探析[J].人民论坛(16)：97-99.

秦升泽，2022.精准扶贫政策的减贫效果研究[D].华中农业大学.

全国人大常委会办公厅，2015.中华人民共和国老年人权益保障法：最新修正本[M].北京：中国民主法制出版社：5.

阙霜，曾雁冰，方亚，2022.基于logistic回归与决策树模型的社会资本对老年人自评健康的影响研究[J].中国卫生统计，39(02)：186-191.

山娜，姜向群，2018.精准扶贫背景下我国贫困老年人的经济状况研究[J].现代管理科学(08)：103-105.

史恒通，赵伊凡，吴海霞，2019.社会资本对多维贫困的影响研究——来自陕西省延安市513个退耕农户的微观调查数据[J].农业技术经济，285(01)：86-99.

苏静，肖攀，阎晓萌，2019.社会资本异质性、融资约束与农户家庭多维贫困[J]．湖南大学学报（社会科学版），33(05)：72-80．

孙璐，2007．论城市弱势群体社会资本的提升：从社区支持的角度[J]．湖北社会科学(04)：40-42．

孙薇薇，石丹妮，2020．社会支持的影响机制与农村老年心理健康[J]．社会学评论，8(04)：77-87．

缩小区域发展差距必须注重实现基本公共服务均等化、引导生产要素跨区域合理流动[N]．人民日报，2007-12-08(002)．

谭燕芝，张子豪，2017．社会网络、非正规金融与农户多维贫困[J]．财经研究，43(03)：43-56．

檀学文，谭清香，2021．面向2035年的中国反贫困战略研究[J]．农业经济问题(12)：126-136．

汤兆云，陈奕言，2022．社会资本对农民工相对贫困的影响及代际差异研究[J]．贺州学院学报，38(04)：93-102．

唐丽霞，张一珂，陈枫，2020．贫困问题的国际测量方法及对中国的启示[J]．国外社会科学(06)：66-79．

唐任伍，肖彦博，唐常，2020．后精准扶贫时代的贫困治理——制度安排和路径选择[J]．北京师范大学学报（社会科学版），277(01)：133-139．

童星，林闽钢，1994．我国农村贫困标准线研究[J]．中国社会科学(03)：86-98．

[美]托马斯·福特·布朗，2000．社会资本理论综述[J]．木子西，译．马克思主义与现实(02)：41-46．

汪连杰，2019．老年贫困多元主体协同治理：理论阐释与实证研究[D]．武汉大学．

汪柳，2022．社会资本对相对贫困的影响效应研究[D]．江西财经大学．

汪三贵，刘明月，2020．从绝对贫困到相对贫困：理论关系、战略转变与政策重点[J]．华南师范大学学报（社会科学版）(06)：18-29＋189．

王春梅，尚康俊，2021．老年贫困及其破解[J]．合作经济与科技(08)：

161-163.

王德文,张恺悌,2005.中国老年人口的生活状况与贫困发生率估计[J].中国人口科学(01):60-68+98.

王富百慧,谭雁潇,2019.我国老年人体育锻炼的队列分化机制研究——基于个体、家庭和社会网络支持的视角[J].中国体育科技,55(10):22-31.

王恒,朱玉春,2021.社会资本对农户多维贫困的影响——基于劳动力流动的中介效应分析[J].中国农业大学学报,26(04):240-254.

王恒,2020.社会资本、劳动力流动与农户多维贫困研究[D].西北农林科技大学.

王欢,张亮,2006.社会资本与我国农村健康贫困的消除[J].医学与社会(07):1-3+7.

王莉莉,2011.中国老年人社会参与的理论、实证与政策研究综述[J].人口与发展,17(03):35-43.

王萍,李亚静,2023.社会网络对农村老年人老化态度的影响:基于孤独感的中介作用[J].中国健康心理学杂志,31(10):1458-1463.

王强,2019.社会资本的反贫困机制——基于农村困难家庭全国性调查的实证研究[J].学习与实践(06):83-95.

王曙光,2023.中国式现代化的价值追求、方法论精髓与历史智慧[J].中央社会主义学院学报(01):122-135.

王甜,蒋明睿,叶真."银发族"重返职场,老年人再就业前景如何[N].新华日报,2022-11-23(011).

王小林,2012.贫困标准及全球贫困状况[J].经济研究参考(55):41-50.

王新杰,2020.社会资本视角下社区党建运行模式研究[D].北京工业大学.

王亚柯,夏会珍,2021.后减贫时代中国老年多维贫困的测度[J].东北师大学报(哲学社会科学版)(05):121-129.

王奕,2022.农村老年人社会资本与认知衰弱的关系及作用机制研究[D].

山东大学.

韦璞，2007.贫困地区农村老年人社会资本对生活质量的影响研究——以贵州省黄果树社区为例[D].华东师范大学.

韦倩，徐榕，2021.互联网使用与信贷排斥的缓解——基于中国家庭追踪调查的数据[J].武汉大学学报（哲学社会科学版），74(05)：119-131.

尉建文，陆凝峰，韩杨，2021.差序格局、圈子现象与社群社会资本[J].社会学研究，36(04)：182-200＋229-230.

[美]乌德亚·瓦格尔，2003.贫困再思考：定义和衡量[J].刘亚秋，译.国际社会科学杂志（中文版）(01)：146-155.

邬沧萍，姜向群，2015.老年学概论（第3版）[M].北京：中国人民大学出版社.

吴欢，2013.虚拟社区与老年网民的社会资本——对"老小孩网站"的个案研究[M].上海：上海交通大学出版社.

习近平，2019.把乡村振兴战略作为新时代"三农"工作总抓手[J].社会主义论坛(07)：4-6.

夏艳玲，刘中华，2018.中国城乡老年人的经济福利对抑郁状况影响研究[J].调研世界(01)：17-24.

向德平，向凯，2020.多元与发展：相对贫困的内涵及治理[J].华中科技大学学报（社会科学版），34(02)：31-38.

向洪，1994.人口科学大辞典[M].成都：成都科技大学出版社：776.

肖冬平，王春秀，2013..社会资本研究[M].昆明：云南大学出版社

肖琦，曾铁英，2017.老年人社会支持网络的研究现状[J].护理研究，31(32)：4047-4050.

肖夏，胡富勇，胡志，等，2014.我国慢性病防治领域中的社会资本[J].中国卫生事业管理，31(12)：917-918＋939.

谢家智，车四方，2017.农村家庭多维贫困测度与分析[J].统计研究，34(09)：44-55.

谢立黎，杨璐，胡波，等，2022. 社交软件使用对中老年人社会网络的影响[J]. 人口研究，46(05)：91-103.

谢沁怡，2017. 人力资本与社会资本：谁更能缓解贫困？[J]. 上海经济研究，344(05)：51-60.

新华社. 坚持以人民为中心，积极应对人口老龄化——国家发展改革委负责人就《国家积极应对人口老龄化中长期规划》答记者问[EB/OL]. [2019-11-22]. (2023-02-05). http：//www.gov.cn/zhengce/2019-11/22/content_5454389.htm.

徐斐，2009. 论政府在社会资本培育中的作用[J]. 改革与战略，25(12)：70-73.

徐家鹏，张一珠，李鸟鸟，2021. 社会资本与农村地区留守老人多维贫困：测度、分解及影响——基于陕西省南部农村的调研[J]. 中南林业科技大学学报(社会科学版)，15(04)：85-93.

许经勇，2009. 解析中国城乡二元结构体制的成因[J]. 调研世界(09)：3-6+32.

许兴龙，周绿林，2022. 多层次社会资本与农村老年人健康状况[J]. 云南民族大学学报(哲学社会科学版)，39(01)：112-121.

薛新东，刘国恩，2012. 社会资本决定健康状况吗——来自中国健康与养老追踪调查的证据[J]. 财贸经济(08)：113-121.

亚森江·阿布都古丽，2021. 社会养老保障对农村老年多维贫困的影响[J]. 统计与决策，37(06)：100-103.

杨金龙，2013. 村域社会资本、家庭亲和对老年人生活满意度影响的实证分析[J]. 统计与决策，387(15)：101-104.

杨菊华，2019. 从物质到精神：后小康社会老年贫困的理论建构[J]. 社会科学(12)：61-71.

杨立雄，谢丹丹，2007. "绝对的相对"，抑或"相对的绝对"——汤森和森的贫困理论比较[J]. 财经科学(01)：59-66.

杨立雄，2011. 中国老年贫困人口规模研究[J]. 人口学刊，188(04)：37-45.

杨萌萌，李学婷，李谷成，2022. 社会资本的收入效应：微观证据及作用机制[J]. 世界农业，518(06)：101-114.

杨思思，2021. 社会资本、劳动力流动对平原地区农户多维贫困的影响——基于礼泉县和泾阳县的调研数据[J]. 开发研究(06)：109-116.

杨怡，王钊，2021. 社会资本、制度质量与农民收入——基于CHFS数据的微观计量分析[J]. 宏观经济研究，273(08)：115-127.

杨志健，2022. 社会资本与农村相对贫困——基于公共服务满意度的中介效应分析[J]. 理论观察，188(02)：84-89.

殷戈，黄炜，周羿，2022. 社会资本在人力资本积累中的作用——以党员家长的溢出效应为例[J]. 经济学报，9(04)：243-270.

尹俊，孙博文，陈强远，2023，等. 市场机制、社会资本与共同富裕——基于中国多维减贫政策目标的视角[J]. 经济学报，10(02)：276-307.

于潇，刘澍，2021. 老年人数字鸿沟与家庭支持——基于2018年中国家庭追踪调查的研究[J]. 吉林大学社会科学学报，61(06)：67-82+231-232.

于长永，代志明，马瑞丽，2017. 现实与预期：农村家庭养老弱化的实证分析[J]. 中国农村观察(02)：54-67.

余嘉熙. 供暖分界线一刀切遭质疑[N]. 工人日报，2010-11-06(007).

俞立平，郑昆，2021. 期刊评价中不同客观赋权法权重比较及其思考[J]. 现代情报，41(12)：121-130.

虞满华，卜晓勇，2017. 马克思与韦伯：两种社会分层理论的比较[J]. 贵州社会科学，(04)：30-36.

袁伟，季正聚. 着眼治贫任务转换，着力相对贫困治理[N]. 中国社会科学报，2021-01-21(001).

詹智俊，钟雅琦，马铭，等，2022. 社会资本会缓解进城农民工的相对贫困吗？——基于自我效能感的中介检验[J]. 深圳社会科学，5(01)：34-44.

张竞月，许世存，2021. 社会资本对农村老年人生活满意度的影响[J]. 人口学刊，43(02)：74-85.

张君慧，陈正康，马恒运，等，2022. 社会资本如何影响农村居民代际收入流动性——基于CHIP数据的实证研究[J]. 科学决策(02)：53-67.

张俊英，申婧，雷芳，2023. 家庭多维相对贫困：测度、成因及空间差异[J]. 湖南师范大学社会科学学报，52(01)：121-129.

张琦，沈扬扬，2020. 不同相对贫困标准的国际比较及对中国的启示[J]. 南京农业大学学报(社会科学版)，20(04)：91-99.

张维伟，2021. 江苏省深度老龄化背景下老年人口多维相对贫困测度[J]. 统计科学与实践(06)：38-41.

张文宏，苏迪，2020. 特大城市居民相对贫困影响因素实证分析——基于北京、上海、广州的研究[J]. 中共中央党校(国家行政学院)学报，24(03)：100-109.

张文宏，张君安，2020. 社会资本对老年心理健康的影响[J]. 河北学刊，40(01)：183-189.

张文宏，2003. 社会资本：理论争辩与经验研究[J]. 社会学研究(04)：23-35.

张文娟，付敏，2022. 中国老年人的多维贫困及其变化趋势[J]. 人口研究，46(04)：55-68.

张亦然，2021. 基础设施减贫效应研究——基于农村公路的考察[J]. 经济理论与经济管理，41(02)：28-39.

张永奇，单德朋，马梦迪，2021. 社会资本与社会治理：基于相对贫困视角的实证分析[J]. 新疆农垦经济，339(05)：56-67.

张咏梅，张萌，赵金凯，2022. "后扶贫时代"中国多维相对贫困空间分布与影响因素研究[J]. 统计与决策，38(09)：69-73.

张振，2022. 社会资本对农户相对贫困的影响研究[D]. 西南大学.

赵羚雅，2019. 社会资本、民间借贷与农村居民贫困[J]. 经济经纬，36

（05）：33-40.

赵周华，霍兆昕，2022. 相对贫困视域下中国老年多维贫困测度及分解[J]. 西部经济管理论坛，33（01）：43-53.

赵周华，王晓琳，2022. 积极老龄化背景下老年多维相对贫困指标和权重探索[J]. 社会福利（理论版）（03）：33-43.

郑岩，2015. 社会保障影响物质资本积累的机理分析[J]. 现代经济信息（18）：103.

中国互联网络信息中心. 第43次中国互联网络发展状况统计报告[EB/OL]. [2019-02-28].（2023-04-02）. http：//www.cac.gov.cn/2019-02/28/c_1124175677.htm.

中国农村贫困标准课题组，1990. 中国农村贫困标准研究[J]. 统计研究（06）：37-42.

仲超，林闽钢，2020. 中国相对贫困家庭的多维剥夺及其影响因素研究[J]. 南京农业大学学报（社会科学版），20（04）：112-120.

周晔馨，叶静怡，2014. 社会资本在减轻农村贫困中的作用：文献述评与研究展望[J]. 南方经济（07）：35-57.

周玉龙，孙久文，2017. 社会资本与农户脱贫——基于中国综合社会调查的经验研究[J]. 经济学动态（04）：16-29.

周云波，王辉，2022. 共同富裕目标下相对贫困治理长效机制构建研究[J]. 长白学刊（06）：20-32＋2.

周云波，王莹，沈扬扬，2022. 中国农村老年多维贫困特征与动态变化[J]. 南开学报（哲学社会科学版）（06）：19-35.

周长城，陈云，2003. 贫困：一种社会资本视野的解释[J]. 学海（02）：110-114.

朱琳，李文琢，廖和平，等，2023. 乡村振兴背景下西部地区农村相对贫困测度与影响因素研究——基于X省的实证[J]. 西南大学学报（自然科学版），45（04）：14-27.

朱晓，秦敏，2020.城市流动人口相对贫困及其影响因素[J].华南农业大学学报(社会科学版)，19(03)：115-129.

朱晓文，鄂翌婷，2017.社交网络服务平台使用对大学生社会资本影响的实证分析[J].西安交通大学学报(社会科学版)，37(05)：79-87.

祝欢，高博，彭嘉怡，等，2022.成都市丧偶老年人社会资本状况及其对生命质量的影响[J].中国健康教育，38(07)：583-588.

祝遵宏，方毅峰，黄莎莎，2023.国家审计与地区相对贫困治理——基于2008—2017年市级面板数据的实证研究[J].审计与经济研究，38(02)：14-23.

邹佳晨，2009.城镇居民社会资本对生活质量的影响[D].华中科技大学.

左孝凡，王翊嘉，苏时鹏，等，2018.社会资本对农村居民长期多维贫困影响研究——来自2010～2014年CFPS数据的证据[J].西北人口，39(06)：59-68.

左宇晓，卜津月，2022.我国劳动力人口多维相对贫困测度及影响因素分析[J].统计理论与实践(06)：29-35.